말씀에 반응하는 40일 치유기도 훈련

말씀에 반응하는 40일 치유기도 훈련

© 유동효, 2023

초판 1쇄 발행 2023년 5월 18일

지은이   유동효
펴낸이   이기봉
편집   좋은땅 편집팀
펴낸곳   도서출판 좋은땅
주소   서울특별시 마포구 양화로12길 26 지월드빌딩 (서교동 395-7)
전화   02)374-8616~7
팩스   02)374-8614
이메일   gworldbook@naver.com
홈페이지   www.g-world.co.kr

ISBN   979-11-388-1923-7 (03230)

말씀에 반응하는

40일
치유기도 훈련

유동효 지음

그가 채찍에 맞음으로 우리는 나음을 받았도다(사 53:5)

좋은땅

내 건강은 하나님의 뜻이다

(말 4:2) 내 이름을 경외하는 너희에게는 공의로운 해가 떠올라서
치료하는 광선을 비추리니 너희가 나가서
외양간에서 나온 송아지 같이 뛰리라

이 책은 성경에 나온 치유의 말씀을 믿음으로 선포하는 기도로 구성되어 있다. 치유의 구절들을 하나하나 배워 가고 따라 선포하다 보면 하나님의 선하신 뜻이 무엇인지를 자연스럽게 알게 된다. 하나님의 선하신 뜻이 무엇일까? 하나님은 과연 내 인생에서 어떠한 선하신 뜻을 펼쳐 주고 싶어 하시는 것일까?

하나님은 나를 위해 당신의 소중한 독생자 아들을 주시기까지 하셨다. 그러니 예수님의 목숨값으로 살아난 내가 범사에 잘되고 강건한 것은 두말할 것도 없이 하나님의 뜻이다. 우리는 그렇게 대단한 존재다. 그런데 우리는 그 대단한 존재라는 사실을 모른 채 세상을 살아간다. 눈앞에 보이는 현실 때문에 고민하고 염려하고 좌절한다. 경제적 부족함은 늘 내 마음을 힘들게 하고, 노후 자금은 충분할지, 자녀들은 좋은 직장과 좋은 배우자를 만날 수 있을지 노심초사한다. 건강에 대

한 염려도 크다. 몸이 예전 같지 않으면 혹시 큰 병에 걸린 것은 아닌지, 혹시라도 치매가 걸리지 않을지, 암에 걸리지 않을지 미래를 걱정하며 살아간다.

사랑하는 이여! 지금 육체의 질병으로 고난당하고 있는가. 암 선고를 받고 두려움에 떨고 있는가. 몇 년 전 했던 암 수술이 다른 곳으로 전이되어 고통 가운데 있는가. 언제 죽을지 몰라 공포를 느끼는가. 병원에 가도 아무 병명을 못 찾는데도 불구하고 당신은 통증 가운데 있는가. 정신적으로 어려움 가운데 살아가는가.

〈병에는 하나님의 의도가 있다?〉

병원에 심방을 가거나 아픈 사람을 만나게 되면 사람들은 "지금 당신이 아픈 것은 하나님의 의도가 있으니 잘 견디고 이겨 내세요. 하나님이 당신을 더 크게 쓰시기 위해 이 아픔을 주시는 것입니다."라고 위로를 하는 경우가 많다. 하지만 과연 하나님이 일부러 어떤 의도 때문에 사랑하는 자녀들에게 병을 주시는 분일까? 아니다! 전혀 아니다!

"병에는 하나님의 의도가 있다."는 말을 듣고 진심으로 위로가 되겠는가. 암 환자를 심방할 때, 심방 오신 목사님이나 심방 대원들이 이런 말로 위로한다면 아마 이렇게 불평할지도 모르겠다.

"목사님이 이 병에 걸려 보세요. 그런 말이 나오는가."
"집사님이 암에 걸려 보세요. 하나님의 의도가 고통을 주는 것인가."

과연 병은 하나님의 의도인가. 결론부터 말하면 아니다! 결코 아니다! 만약 우리의 사랑하는 자녀들이 병에 걸렸다면 '너의 잘못을 회개하게 하기 위해 하나님의 의도로 지금 백혈병에 걸린 거야.'라거나 '너를 장차 더 크게 쓰시게 하기 위해 지금 암에 걸린 거야.'라고 말할 부모가 어디 있는가? 병은 하나님의 의도가 결코 아니다.

그렇다면 지금 병에 걸린 상태에서 나는 무엇을 해야 하는가.
절대적 주권자이신 하나님의 전능성을 인정하고 그분 앞에 바짝 엎드려 기도해야 한다.
내 생명의 근원이 하나님 앞에 있음을 믿고 하나님의 치유하심을 간구해야 한다.

병에 걸리면 당연히 치유를 위해 기도해야 한다. 교회 목사님과 성도들과 지인들에게 부탁하기도 하고 방송국에 전화를 걸어 기도를 부탁하기도 한다.

그런데 많은 경우 기도를 받으면서 기도대로 치유가 일어날 것을 진정으로 믿는가? 또 기도해 주는 사람 역시 '내가 지금 기도했으니 정말로 이 사람이 치유될 것이다.'라고 믿는가?

솔직히 말하면 많은 경우 '기도하면 분명히 낫는다.'는 믿음이 없다. '에이, 기도한다고 낫냐? 그저 기분 좋으라고, 마음 편하라고 기도하는 거지.'라고 생각하는 것이 상식적인 반응일 것이다. 기도를 해 주는 사람도 받는 사람도 '불쌍한 환우에게 인간적인 노력을 하는 것이지.'라고 생각할 뿐, 진짜로 내가 해 준 기도 때문에 병이 낫는다고 생각하는 사람은 드물다.

'마음의 평화를 위해서 기도해 주기도 하고 기도를 받기도 하지만 설마 기도한다고 낫습니까?' 이러한 생각이 드는가? 그렇다면 당신은 치유를 받기가 쉽지 않다.

물론 기도만 하고 아무것도 하지 말라는 말은 아니다. 기도와 동시에 병원에도 가도 약도 처방받아서 복용하고, 수술이 필요하면 수술도 하고, 몸이 피곤하도록 무리하지 말고 잘 쉬면서 평안한 마음을 유지해야 한다. 그러나 그 모든 의학적인 조치를 취하면서도 제일 먼저 기도의 능력을 의심한다면 과연 강력한 치유가 임할까?

⟨네 믿음대로 되리라⟩

성경은 분명히 말한다. "네 믿음대로 되리라."

하나님께서 나를 낫게 해실 능력이 있음을 전적으로 믿으라. 하나님께서 나에게 꼭 필요한 병원과 꼭 필요한 의사와 꼭 필요한 약을 주실 것을 믿으라. 믿음과 동반한 기도가 능력을 발휘하는 것이지, 본인 스스로 믿지도 않으면서 입술로만 하는 거짓 고백이 어찌 능력을 발휘할 것인가.

나는 교회를 개척하고 열심히 사역하던 중 갑자기 암에 걸렸다. 운동하다가 허리가 아파서 '뼈에 실금이 갔나 보다.'라고 생각하며 병원에 갔더니 큰 병원으로 가라고 했다. 부랴부랴 큰 병원으로 갔더니 척추암이라는 청천 벽력같은 진단을 받았다. 게다가 척추암보다 더 심각한 것은 이미 폐암 4기라고 했다. 폐암이 점점 커져 척추암으로 전이되었고, 이미 몸의 여러 군데로 전이되어 수술도 불가능한 4기 암 환자라는 선고를 받았다. 4기라는 뜻은 이미 늦어서 수술도 못 하는 상태라는 것을 의미했다. 건강하다고 자부하던 내가 단 며칠 만에 암 환자가 되어 버린 것이다. 영화나 드라마에서나 볼 수 있는 일이 나에게 현실로 나타났다.

암에 걸리면 사람들은 각종 사이트를 찾아보고 암에 대한 지식을 얻는다. 그리고 이미 같은 암으로 고통받은 분들에게 연락해서 경험담을 물어본다. 혹시 가까운 이들 중에 의사나 의료계 종사자가 있으면 자신의 병에 대해 상담한다. 그 과정을 통해 거의 전문가 수준으로 암에 대한 지식을 갖기도 한다. 하지만 많이 알게 되는 병에 대한 지식이 때로는 두려움과 공포만 줄 뿐 치유에 방해가 되기도 한다. 암에 대해 각종 정보를 알게 되고, 그 정보가 주는 영향력 아래 갇혀 꼼짝달싹 못하게 묶이기도 한다. 이런 매임의 상태 아래에 놓이게 되면 하나님의 치유의 능력이 발휘하지 못한다. 치유의 말씀이 주는 힘보다는 이미 갖고 있는 지식의 영향력이 더 강력하기 때문이다.

나는 암에 걸렸을 때 포털 사이트에서 암에 대한 지식을 찾아보기보다는 성경에 나오는 치유의 말씀들을 찾았다. 오죽했으면 폐암이 사망률 1위라는 사실조차도 암에 걸린 지 1년이 지나도록 몰랐다. 포털 사이트나 경험자들의 치료 방법을 찾기보다는 오로지 성경에서 답을 찾고자 했다. 히스기야가 어떻게 나았는지, 예수님은 어떻게 병자들을 치유하셨는지, 사도들은 또 어떤 치유의 기적들을 행했는지 다시 한번 자세히 살펴보았다. 시편의 수많은 치유의 구절들을 찾았다. 이사야의 예언이 마태복음에서 성취되어 있고 베드로전서에도 성취되어 있었다. 그러면서 이렇게 많은 치유의 구절들이 신구약에 실려 있었는지 다시 한번 알게 되었다.

이 과정은 병과의 처절한 싸움이었다. 사람들은 병에 대한 지식을 얻어 가면서 어떻게 대처해야 할지 고민하지만 나는 하나님의 말씀을 가장 강력한 치료약으로 삼았다. 그런 나를 보면서 사람들은 성경만 들여다보고 있으면 병이 낫느냐며 안타까워하기도 했다. 하지만 어찌하랴! 이미 늦어서 수술도 못 한다고 하니 나는 말씀을 붙드는 수밖에 없었다.

아무리 믿음 좋은 사람도 막상 암에 걸리면 암이란 놈이 하나님보다 더 강하게 자기를 사로잡는다고 한다. 여기를 봐도 암이 떡하니 자리 잡고 있고, 저기를 봐도 암이 자기를 노려보고 있다. 교회를 다니며 평소에 하나님을 묵상하라는 설교를 그렇게 많이 들었지만 실제 삶에서 24시간 하나님을 묵상하기란 쉽지 않다. 그런데 암에 걸리자 시키지도 않았는데 자기도 모르게 암을 24시간 묵상하고 있는 자신을 발견하게 된다.

그러나 나는 감사하게도 암에 시선을 빼앗기기보다는 말씀에 시선을 두고 지냈다. 암을 묵상하기보다는 하나님의 치유의 구절들을 찾고 또 찾고 외우고 또 외웠다. 그리고 말씀을 한 구절, 한 구절 암송하면서 믿음으로 반응하고 '아멘'으로 응답했다. 성경을 눈으로만 읽고 지나가는 것이 아니라, 한 구절 한 구절 믿음의 고백을 선포했다.

물론 그렇게 말씀에 집중하다가도 어느 한순간 암이라는 놈이 '훅~' 하고 내 마음을 사로잡을 때가 있다. 어둠의 공포가 스멀스멀 내 마음과 생각을 차지하려고 들어오기도 한다. 하지만 그럴 때는 암이 주는 두려움에 머물러 있기보다는 금세 떨쳐 버리고 다시 말씀을 붙잡았다.

이렇게 죽기 살기로 말씀을 붙들었더니 어느 날 말씀이 살아 움직이며 마치 3D 영화를 보는 것처럼 치유의 구절이 내 눈앞에 크게 일어서는 것을 경험했다. 어느 날은 내 귀가 웅~ 울리면서 천둥이 치는 것처럼 말씀이 강력하게 들리는 것을 느꼈다. 그러면서 그 말씀이 내 마음속에 그대로 들어왔다.

의심 없이 예수님의 사역을 믿는 믿음, 하나님이 살아 계시니 2천 년 전의 치유의 사건들이 오늘날도 그대로 일어날 수 있다고 확신하는 믿음, 하나님은 전능하시니 암이나 감기나 똑같다는 믿음, 그리고 성경 속 치유의 말들을 찾아 외우고 선포하는 과정을 통해 내 몸은 급속도로 회복되었다.

그리고 병원에 가서 다시 MRI와 CT를 찍었다. 불과 한 달 전 처음으로 암 진단을 받고 찍었던 MRI에서는 4cm가 넘는 암이 여기저기 퍼져 있었다. 그런데 치유의 말씀들을 하루에도 수없이 읽고 암송하고 말씀에만 매달렸더니, 한 달 뒤 다시 찍은 MRI 검사에서는 암의 크기가

1㎝도 안 되게 작아졌다! 할렐루야!

의사는 나에게 최고의 치료 방법을 제시했다. 표적 항암치료제를 먹으면서 경과를 보자는 것이었다. 표적 항암치료제라는 작은 알약을 먹으면 그 약이 암세포만 찾아가서 죽이고, 멀쩡한 세포는 건드리지 않는다고 했다. 그전의 항암치료에 대한 내 상식으로는 항암요법과 방사선을 하게 되면 암세포만 죽이는 것이 아니라 주변의 멀쩡한 세포까지 함께 죽인다고 들었는데 최신 표적 항암치료제는 그런 부작용이 없다는 것이었다. 불과 한 달 전에는 너무 늦었다는 절망적인 결과를 들었는데, 이제는 매일 작은 알약 한 알만 먹으라는 것이었다.

여러 군데 전이된 4기 암 환자가 수술도 없이 항암 주사도 없이 방사선 치료도 없이 3개월 만에 강단에 복귀할 수 있었다. 항암을 안 했으니 당연히 머리카락도 빠지지 않았고 살도 빠지지 않았다.

서울의 대형병원의 의사는 급격히 줄어든 암의 원인을 알지 못했다. 하지만 나는 안다. 하나님 말씀의 빛으로 받은 치유의 광선이 내 온몸을 사로잡아 암이 급격히 줄었음을.

〈치유의 말씀과 원리들〉

이 책에는 내가 치유를 얻게 된 치유의 말씀들과 치유의 원리들이 실려 있다. 거듭 말하지만 성경은 "네 믿음대로 되리라."라고 말씀하고 있다.

믿음 없이 그저 몸이 낫기만을 바라면서 불안한 마음을 가진 채 치유의 흉내를 낸들 치유가 일어나지는 않는다. 스스로 믿지도 않은 채 "나는 낫는다. 나는 낫는다." 하며 아무리 외쳐 본들 그것은 능력 없는 메아리에 불과한 것이다.

사도행전 19장에서 바울이 귀신을 쫓아내고 기적을 행하는 것을 본 스게와의 일곱 아들이 자기들도 귀신 앞에서 바울의 치유의 기적을 흉내만 냈다. 그러자 귀신이 스게와의 아들들을 우습게 보고 뛰어올라 눌러 버렸고 스게와의 아들들은 옷을 벗은 채 도망을 가야만 했다.

마음으로 100% 믿지도 않으면서 흉내만 내는 행위, 그저 입으로만 선포하는 치유로는 능력이 발휘되지 않는다. 오직 주님을 전적으로 믿고 말씀에 의거한 치유를 받아 하나님께 영광을 돌리자. 질병과 암은 하나님께 영광을 돌리지 못하게 한다. 치유와 회복이 하나님께 영광을 돌릴 수 있다.

하지만 성경을 읽어도 그 말씀을 나에게 어떻게 적용해야 할지 모르는 경우가 많다. 실제로 말씀에 반응하는 기도를 어떻게 해야 하는지를 몰라서 말씀이 내 삶에 적용되지 못하는 경우도 많다.

이 책은 스스로 기도하기 어려워하는 분들을 위해서 만들어졌다. 특별히 치유의 구절들을 읽으며 내가 어떻게 적용하고 선포할 것인가를 가르쳐 주고 있다. 전능하신 하나님의 치유를 100% 믿고 이 책의 내용을 따라 읽다 보면 당신도 어느새 유창한 치유의 말씀을 기도로 선포할 수 있게 될 것이다.

말씀을 한 구절 한 구절 입술로 선포하고, 그 선포된 말씀에 믿음으로 반응하는 기도를 하자. 내 감정에 휩싸여서, 내 불쌍함에 휩싸여서, 내 고통에 함몰되어 그저 반사적으로 부르짖는 기도를 하라는 것이 아니다. 말씀 한 구절 한 구절을 마음으로 받고 그 받은 믿음대로 선포하며 드리는 기도를 하라는 것이다.

하지만 내가 써 놓은 '말씀에 반응하는 기도'는 하나의 가이드일 뿐이다. 똑같은 말씀에 대한 반응도 매일매일 받은 은혜에 따라 또 달라진다.

이 책을 처음 읽을 때는 내가 써 놓은 가이드대로 기도하라. 그러다가 이 책을 다 읽고 다시 여러 번 따라 읽으면서 선포하다 보면 어느덧 자신의 입술로도 반응하며 선포하는 기도를 할 수가 있고, 이 책에 써 놓은 것보다 더 자세하고 강렬한 기도를 할 수 있을 것이다.

〈하나님은 우리를 위해 현대 의학도 만드셨다〉

그렇다고 해서 성경 말씀으로만 치유하고 병원은 가지 말라는 말은 아니다. 병원에도 당연히 가야 한다. 의사의 처방을 받고 약도 먹어야 하고 필요하다면 수술도 받아야 한다.

하나님은 말씀을 통해 치유의 근본원리와 능력을 주셨고 또한 의술과 약을 만드는 지혜도 사람들에게 주셨다. 병을 고치기 위한 의료 장비와 기술의 발전도 다 하나님께서 주신 지혜로 만들어진 것이다. 그러기에 우리는 병원과 약을 거부할 필요가 없다. 아니, 거부해서는 안 된다. 모든 것이 합력하여 선을 이루기 때문이다. 말씀으로만 치유할 때보다 병원 치료를 병행할 때 더 빠른 치유와 회복이 일어나는 경우가 일반적으로 많다.

지금 암이나 어려운 상황의 병에 걸려 고통받고 있는가. 병에 짓눌려서 두려워하고 무서워한다면 병은 더욱더 낫기 힘들다. 암세포는 두려워하는 자들에게 더 강하게 역사하기 쉽다. 하나님의 영은 두려움과 공포의 영이 아니다. 빛과 치유와 회복의 영이다. 사랑과 긍휼과 도우심의 영이다. 두려움은 마귀가 주는 영임을 알고 하나님의 다스림을 받으라.

병에 걸렸을 때 하나님의 말씀으로 무장하라. 말씀으로 무장할 때 하나님의 치유가 더욱 강력히 임하고 병에 대한 공포나 두려움은 사라지고 마음속에 평안이 임한다.

하나님께서 나를 사랑하신다는 그 믿음, "전능하신 하나님께서는 암이나 감기나 다 똑같이 고치실 수 있다"는 믿음으로 무장한 환자는 암도 이겨 내는 면역력이 활성화될 수 있다. 천지를 창조하신 하나님은 태양도 멈추시고 죽은 자도 살리시고 자연의 법칙도 다스리시는 분이시다. 그 하나님께서 내 아버지 되시니 나는 지금의 불가능해 보이는 어떠한 어려움에도 하나님의 도우심을 받을 수 있다.

그리고 현대 의학의 도움도 당연히 받으라. 그와 동시에 말씀에 반응하는 기도를 드려라. 치유의 말씀을 믿는 믿음과 말씀에 반응하는 기도와 현대 의학의 도움. 이 삼박자가 갖춰진 균형 잡힌 신앙을 통해 믿는 자에게 '믿음대로 치유되는 역사'가 당신에게도 임하기를 축복한다.

목차

11일 내가 너를 낫게 하리니(왕하 20:5)

12일 내가 너를 굳세게 하리라(사 41:10)

13일 내가 죽지 않고 살아서(시 118:17)

14일 죽은 자를 살리시며 (롬 4:17)

15일 장수하게 함으로(시 91:16)

16일 사망에서 건지시며 살리시는도다(시 33:18-19)

17일 살게 하시리니(시 41:2-3)

18일 나를 치료하시며 살려 주옵소서(사 38:16-17)

19일 너희를 치료하는 여호와임이라(출 15:26)

20일 예수를 살리신 영이 거하시면(롬 8:11)

치유 간증 2 : 치유의 과정은 사람마다 다르다

21일 잠을 주시는도다(시 127:1-2)

22일 아무것도 염려하지 말고(빌 4:6-7)

23일 사람의 심령은 병을 능히 이기려니와(잠 18:14)

24일 내가 평안히 눕고 자기도 하리니(시 4:8)

25일 아담을 깊이 잠들게 하심(창 2:21)

26일 하나님께서 우리에게 주신 것은(딤후 1:7)

27일 사랑하는 자여(요삼 1:2)

28일 내가 누워 자고 깨었으니(시 3:5-6)

29일 로뎀나무 아래에 누워 자더니(왕상 19:5)

30일 마음의 즐거움은 양약이라도(잠 17:22)

치유 간증 3 : 병을 바라보지 않는 믿음

I

치유의 종합
교과서
시편 91편

많은 사람들은 의사가 "암입니다."라고 말하는 순간 가슴이 철렁 내려 앉는다. 죽음과 고통에 대한 공포가 밀려오면서 온몸이 사시나무처럼 떨리기도 한다. 비명을 지르면서 울음을 터뜨리는 사람도 있고, 그저 소리 없이 흐르는 눈물을 주체하지 못하는 사람도 있다. 심지어 기절하는 사람도 있고 숨이 쉬어지지 않을 만큼 충격을 받는 사람도 있다.

나도 의사로부터 암이라는 선고를 받았다. 간단한 허리 통증인 줄로만 생각하고 찾아간 병원에서 암이라는 선고를 받았을 때를 떠올려 보았다. 그런데 나는 실감이 나질 않았다. 너무 큰 병을 갑자기 당해서인지 두려움도 없고 공포도 없고 심지어 눈물조차 나오질 않았다. 아무런 감정이 없이 그저 내가 아닌 남의 이야기를 듣는 것 같았다.

나는 병원의 치료과정에 참여하면서 인터넷으로 내 병명에 대한 의학적 지식을 얻기보다는 성경을 폈다. 그리고 성경에서 예수님의 치유 사역에 대한 구절들을 찾아 읽었다.

제일 먼저 편 책은 시편이었다. 시편에는 다윗이 사울과 아들 압살롬과 수많은 적들로부터 위기의 순간이 닥칠 때마다 하나님께 울부짖고 도와 달라고 요청하는 간절한 기도문들이 실려 있다. 기도하다가 다윗은 도우시고 힘주시고 능력 되시고 방패 되시는 하나님을 만나서 눈물의 기도가 감사의 찬양으로 바뀌게 된다.

내가 암에 걸려서 신음할 때 성경을 처음부터 끝까지 샅샅이 여러 번 살펴보면서 치유의 구절들을 찾아보았다. 특히 시편은 강력한 치유의 말씀들이 많이 쓰여 있기에 매일 시편을 읽고 암송했다. 특별히 시편 91편에서 나는 하나님의 선하신 도우심을 다시 만났다. 꼭 내 모든 형편을 미리 아시고 만들어 놓은 것 같은 시편 91편은 치유의 종합교과서라고 해도 무방하다.

이 책에는 내가 암과 싸울 때 시편 91편을 통해서 어떻게 마음의 강건함을 얻고, 치유의 선포를 통해 건강을 회복했는지 실제로 내가 행한 기도와 선포가 실려 있다.

시편 91편을 한 절 한 절 읽으면서 말씀을 통해 주님의 강력한 임재를 경험하자. 그리고 써놓은 가이드를 따라 큰 소리로 기도하자. 마음

말씀에 반응하는 40일 치유기도 훈련

의 불안이 엄습해 오면 시편 91편 말씀과 기도문을 하루에도 열 번 스무 번 낭독하라. 그러다 보면 마음이 뜨거워지고 하나님의 보호하심에 대한 강한 신뢰가 생기고 병을 이길 것이라는 치유의 믿음이 불같이 일어날 것이다. 그리하면 당신은 이 책에서 써 놓은 것보다 더 자세하고 자신의 상황에 맞는 기도를 할 수 있게 된다.

이제부터 믿음의 선한 싸움을 해 나가는 당신에게 치유의 손길이 임하기를 축복한다. 하나님의 사랑하는 자녀인 당신은 당연히 치유함을 받을 자격이 있다.

치유의 종합 교과서인 시편 91편을 한 절씩 읽고 그 밑의 기도문을 따라 선포하십시오. 강력한 하나님의 임재와 치유가 함께하실 것입니다.

매일 쉬지 말고 빠지지 말고 하십시오. 새벽기도마다 이 시편 91편과 기도문을 낭독하십시오. 놀라운 치유가 급속히 일어날 것입니다.

가장 좋은 것은 시편 91편을 눈에 보이는 곳곳마다 컴퓨터로 프린트해서 써 놓고 외우는 것입니다. 매일 병원에서 처방한 약을 꼬박꼬박 먹듯이 시편 91편을 매일 여러 번 먹으십시오. 당신의 건강에 강력한 치료약이 될 것입니다.

(시 91:1) 지존자의 은밀한 곳에 거주하며
전능자의 그늘 아래에 사는 자여

나의 아버지 되시는 전능하신 하나님. 내가 지금 암이라는 파괴자 앞에 무방비상태로 서서 어쩔 줄 모르고 있을 때, 지존하신 하나님은 당신의 은밀한 곳에 나를 거하게 하십니다.

지존자의 은밀한 곳에는 아무도 나를 찾아올 수 없습니다. 지극히 존귀하신 하나님의 보호 아래에 있는데 감히 누가 나를 찾아낸단 말입니까. 하나님은 암도, 질병도 나를 찾아오지 못하게 은밀한 주님의 품 속에서 나를 보호하십니다.

전능자의 날개 그늘 아래에 사는 나는 어떠한 어려움에도 보호를 받습니다. 어미 새가 새끼를 날개 그늘 아래 안전하게 보호하듯이 나는 하나님의 품에서 안전함을 누립니다.

천지 만물을 창조하신 하나님, 전지전능하신 하나님의 보호하심 아래에서 나는 안전하고 평안합니다.

(시 91:2) 나는 여호와를 향하여 말하기를 그는 나의 피난처요
나의 요새요 내가 의뢰하는 하나님이라 하리니

하나님은 나의 피난처이시요 나의 요새이시요 내가 의뢰하고 믿을
수 있는 전능자이십니다. 하나님이 나의 피난처 되시는데 누가 나를
해하겠습니까. 하나님이 나의 요새가 되시니 나는 든든합니다. 내가
사망의 골짜기를 다닐지라도 해를 당하지 않습니다. 그 이유는 하나님
은 나의 피난처요 요새이시기 때문입니다.

나는 피난처요 요새 되신 하나님을 전적으로 의뢰하고 의지합니다.
그 하나님께 내 병을 의뢰하고 내 몸을 의탁하고 내 영과 혼을 맡깁니
다. 그로 인해 내 영혼은 안전하고 든든합니다.

(시 91:3) 이는 그가 너를 새 사냥꾼의 올무에서와
심한 전염병에서 건지실 것임이로다

내가 지금 새 사냥꾼의 올무 같은 암에 갇혔습니다. 암이라는 질병
이 나를 꼼짝 못하게 얽어매려 하고 있습니다. 새는 올무에서 도망치
려고 하면 할수록 더욱 올무에 꽁꽁 묶이게 됩니다. 그러할 때 나는 내
가 스스로 벗어나려고 노력하지 않겠습니다. 내가 방법을 찾지 않겠습

니다. 오직 하나님만이 나를 올무에서 벗어나게 해 주실 수 있는 분이심을 믿고 의지합니다.

코로나의 심한 전염병이 전 세계에 퍼져서 공포를 주지만 나는 이 전염병에서 건짐을 받습니다. 어떻게 그렇게 할 수 있느냐고요? 하나님께서 말씀으로 약속하셨기 때문입니다. 그 약속을 믿기만 하면 구원을 받고 새 사냥꾼의 올무에서와 심한 전염병에서 건지실 것이기 때문입니다.

(시 91:4) 그가 너를 그의 깃으로 덮으시리니 네가 그의 날개 아래에 피하리로다 그의 진실함은 방패와 손 방패가 되시나니

하나님의 옷깃 아래, 날개 아래 피하는 나는 마치 어미 독수리의 둥지에서 보호받는 아기 독수리처럼 아무것도 두려울 것이 없습니다. 암은 나를 찾지 못합니다. 암은 나를 해할 수 없습니다. 주님이 나를 보호하시고 내가 주님의 날개 아래에 피했기 때문입니다.

주님은 신실하시고 진실하십니다. 주님이 나의 방패와 손 방패가 되어 주십니다. 방패는 적들의 화살 공격에서 나를 보호해 줍니다. 나는 하나님이 내 방패 되시고, 암의 공격을 물리치는 손 방패를 가지고 있습니다. 하나님의 진실하심이 나의 방패가 되시기에 내 영혼은 안전하

고 든든합니다.

(시 91:5) 너는 밤에 찾아오는 공포와 낮에 날아드는 화살과

암 환자에게 밤의 시간은 특히 공포의 시간입니다. 낮에는 심방 오시는 목사님들과 교회 성도들과 가족과 병원의 도우심의 손길로 위로를 얻지만, 주위가 점점 어두워지고 아무도 찾아오지 않는 밤이 되면 마음이 더욱 불안해지기도 합니다. 창밖의 어두움이 내 영혼까지 어둡게 하려고 나를 공격합니다. 하지만 나는 하나님을 의지하고 주님의 손에서 보호하심을 받기 때문에 이 밤에도 아무런 공포 없이 편안하게 잠을 잡니다.

낮에도 공포의 공격은 피해 가지 않습니다. 말씀 안에서 평안하다가도 갑자기 순식간에 공포가 '훅~' 하고 엄습하기도 합니다. 부정적인 정보들이 인터넷에 마구 떠돌고, 절망적인 생각이 불현듯 들기도 합니다.

그러나 이제는 더 이상 이런 공포와 나를 공격하는 화살이 나를 힘들게 하지 못할 것입니다. 내가 하나님의 손에 붙들렸기 때문입니다. 하나님의 강하심이 내 마음을 강하게 합니다.

(시 91:6) 어두울 때 퍼지는 전염병과 밝을 때 닥쳐오는 재앙을
두려워하지 아니하리로다

어두울 때 스멀스멀 퍼지는 악한 기운처럼 코로나와 전염병은 우리 몸과 마음을 해칩니다. 내가 암에 걸렸다는 사실이 나를 두렵게 합니다.

하지만 암과 병이 큰 재앙으로 나에게 다가왔다 할지라도 어두울 때나 밝을 때나 하나님은 한결같이 나를 보호하십니다. 하나님은 빛이시니 하나님의 자녀인 나는 어둠에 거하지 않기로 결심합니다.

하나님은 졸지도 아니하시고 주무시지도 아니하십니다. 그래서 나는 재앙을 두려워하지 않습니다. 하나님이 나를 보호하신다는데 누가 감히 나를 해한단 말입니까. 나는 절대 마음이 약해지지 않습니다.

(시 91:7) 천 명이 네 왼쪽에서, 만 명이 네 오른쪽에서 엎드러지나 이 재앙이 네게 가까이 하지 못하리로다

하나님께서 "사랑하시는 자는 영혼이 잘되고 범사에 잘되고 강건하다."라고 말씀하셨습니다. "악인은 그렇지 않음이여 오직 바람에 나는 겨와 같다."라고 하셨습니다.

암으로 인해 천 명이 쓰러지고 만 명이 쓰러질지라도 하나님의 말씀을 단단히 붙잡고 있는 자는 결코 쓰러지지 않습니다. 코로나로 수많은 사람이 쓰러진다 할지라도 그 모든 재앙이 결코 나에게 가까이 하지 못합니다. 하나님이 나를 보호하신다고 성경에서 약속하셨기 때문입니다. 나는 그 약속을 믿습니다.

(시 91:8) 오직 너는 똑똑히 보리니 악인들의 보응을 네가 보리로다

그렇습니다. 악인들은 잠시 잠깐 동안 세상에서 잘나가는 것 같이 보이기도 하고 물질적으로도 나아 보이기도 합니다. 하지만 악인의 결국은 멸망입니다.

주님께서는 나를 주님의 자녀 삼으시고, 죄로 인해 멸망으로 가야하는 발걸음을 천국으로 인도하셨습니다. 나는 이 짧디짧은 세상에서 악인들의 번성을 부러워하지 않습니다. 나에게는 영원한 천국이 보장되었기 때문입니다. 그러기에 지금의 병과 암에서 내가 흔들리지 않습니다. 나는 하나님의 보호하심을 받은 어린 양이기 때문입니다.

(시 91:9) 네가 말하기를 여호와는 나의 피난처시라 하고
지존자를 너의 거처로 삼았으므로

나는 내 입으로 부르짖고 선포합니다. "여호와는 나의 피난처이십니다. 여호와는 나의 산성이십니다. 여호와는 나의 보호자이십니다."

그 믿음의 선포대로 나는 여호와를 내 피난처로 삼습니다. 나는 암이나 질병 따위로 두려워하지 않습니다. 왜냐하면 내가 거하는 피난처는 지극히 존귀하신 하나님이 계신 곳이기 때문입니다.

아무것도 염려하지 말고 오직 모든 일에 믿음으로 간구합니다. 주님, 나를 치유하실 것을 믿습니다. "네 믿음이 너를 구원하였다." 하는 말씀을 믿습니다. 내 영혼이 죄악에서도 구원을 받고, 내 병에서도 구원을 받을 줄 믿습니다. 모든 것은 믿음대로 이루어집니다.

(시 91:10) 화가 네게 미치지 못하며 재앙이 네 장막에
가까이 오지 못하리니

주님은 또다시 생명의 말씀으로 나를 위로하시고 힘주십니다. 지금의 암이나 질병의 화가 나에게 미치지 못한다고 약속하십니다. 코로나나 질병의 재앙이 내 장막, 우리 집과 내 가족에게 가까이하지 못한다

고 약속하셨습니다. 나는 말씀을 믿습니다.

나는 말씀이 살아 움직이는 활력이 있음을 믿습니다. 그래서 화와 재앙은 나뿐 아니라 내 가족에게도 미치지 못할 것입니다. 하나님이 이렇게 분명하게 말씀하시니 나는 그 보호하심의 약속을 전적으로 믿습니다.

(시 91:11) 그가 너를 위하여 그의 천사들을 명령하사
네 모든 길에서 너를 지키게 하심이라

하나님께서는 나를 위하여 당신의 천사들까지 보내사 나를 지켜 주십니다. 인간이 보기에는 천사가 대단해 보입니다. 영원히 죽지 않고, 날개도 가지고 있고, 하나님 곁에서 하나님을 보좌하는 천사들은 인간보다 높아 보입니다.

그러나 하나님은 그 천사들이 나를 위해 존재하고 내 모든 길에서 나를 지켜 준다고 하십니다. 천군 천사들이 나를 둘러싸고 암의 재앙, 질병의 재앙이 감히 내 곁에 오지 못하게 합니다. 나는 천사들조차도 보호하는 특별한 존재입니다. 그러기에 암을 두려워하지 않습니다. 주님 감사합니다.

(시 91:12) 그들이 그들의 손으로 너를 붙들어 발이
돌에 부딪히지 아니하게 하리로다

내가 지금 잠시 잠깐 암에서 고통 받고 병에서 어려움을 당하고 있지만 하나님은 천사들에게 명령하사 천사들의 보호를 받게 하십니다. 내 몸이 날카로운 돌과 같은 암이나 질병에 패하지 않을 것입니다. 그것들이 비록 높은 데서 떨어지는 사람을 해하게 하는 날카로운 돌과 같을지라도, 천사들의 손으로 나를 안전하게 보호하여 나는 아무런 해를 입지 않을 것입니다.

지금 암이 내 인생을 넘어뜨리는 돌뿌리처럼 보이지만 결코 아닙니다. 하나님이 나를 보호하시니 내가 이 암에 걸려 넘어지지 않습니다. 나에게는 하나님이 보내신 천군 천사들이 있기에 나는 안전합니다.

(시 91:13) 네가 사자와 독사를 밟으며 젊은 사자와
뱀을 발로 누르리로다

사자는 큰 소리로 포효하며 상대를 겁먹게 합니다. 독사는 상대방의 발뒤꿈치를 물며 공격합니다. 하지만 아무리 사자가 큰 소리로 포효할지라도 목줄에 묶인 사자는 나에게 겁만 줄 뿐 실질적인 해를 입히지

는 못합니다. 나에게는 내 뒤꿈치를 물려고 공격하는 뱀의 머리를 밟아 죽이는 힘이 있습니다. 하나님이 나를 위해 천사들에게 명령하사 보호하시기 때문에 내가 해를 당하지 않습니다.

사자와 독사는 겁을 주려 하지만 나에게는 사자와 독사보다 더 강력하신 하나님이 계시기에 두렵지 않습니다. 암이 나를 무섭게 하고 쓰러뜨리려 하지만 하나님의 보호하심을 믿고 흔들리지 않기에 나는 염려하지 않습니다. 염려하지 않는 평안함은 모든 병과 암을 이기는 치료약입니다.

(시 91:14) 하나님이 이르시되 그가 나를 사랑한즉 내가
그를 건지리라 그가 내 이름을 안즉 내가 그를 높이리라

오, 주님. 나에게 크나큰 위로와 은혜의 말씀을 주시니 감사합니다. 작고 작은 이 믿음을 주님께 드림으로 하나님께서 나를 이 암과 질병에서 건져 내신다고 하시니 감사합니다.

내가 주님의 말씀을 믿는 이 작고 작은 믿음으로도 주님께서 나를 높이신다니 감사합니다. 주님으로 인해 내 기쁨이 하늘에 닿을 듯이 솟구치고, 하나님의 사랑하심이 내 온몸에 가득 찹니다. 주님을 아는 자를 하나님이 높여 주시니 감사합니다. 주님의 사랑을 받고 보호하심

을 받는 나는 사탄 마귀나 암 덩어리가 감히 해하지 못함을 믿습니다.

(시 91:15) 그가 내게 간구하리니 내가 그에게 응답하리라
그들이 환난 당할 때에 내가 그와 함께 하여
그를 건지고 영화롭게 하리라

주님! 나의 간구를 들으시고 응답하시니 감사합니다. 내가 암에서 놓여나기를 간구합니다. 내가 질병에서 벗어나기를 간구합니다. 내 간구를 들으시고 내 기도에 응답하신다고 약속하신 말씀이 나에게 큰 기쁨과 은혜로 다가옵니다.

많은 사람이 환난을 당하지만 특별히 주님은 그 환난에서 나를 건지고 영화롭게 하신다고 약속하셨습니다. 그래서 나는 암에서 낫게 될 것을 확신합니다. 왜냐하면 암에 지는 것은 하나님이 나를 영화롭게 하는 것이 아님을 알기 때문입니다. 이 말씀으로 나는 내가 분명히 암에서 승리함을 믿습니다. 내 기도에 응답하신다고 약속하신 주님을 찬양합니다.

말씀에 반응하는 40일 치유기도 훈련

(시 91:16) 내가 그를 장수하게 함으로 그를 만족하게 하며 나의
구원을 그에게 보이리라 하시도다

성경에 말하길 "인생은 70이요 강건하면 80."이라고 하셨습니다. 그러므로 나는 70살을 넘어 80살을 넘어서까지 사는 것이 나의 당연한 권리임을 믿습니다. 그러기 위해 강건한 몸과 마음을 관리하는 것도 나의 책임입니다.

16절 말씀에 하나님께서 나를 장수하게 하신다고 약속하십니다. 그리고 내가 만족할 수 있게 해 주신다고 하셨습니다. 모세는 하늘나라로 올라가기 직전인 120세에도 눈이 흐려지지 아니하고 온몸에 기력이 쇠하지 않았습니다. 나도 80세가 넘은 나이에도 모세와 똑같은 축복을 받기를 소원합니다.

나를 장수하게 하신다고 말씀으로 약속하셨으니 이 병에서 놓여나서 나는 강건하여질 것입니다. 내가 죽지 않고 살아서 장수하여 여호와께서 하시는 놀라운 치유와 회복을 선포할 것입니다. 나를 장수하게 하시는 주님을 찬양합니다.

말씀에 반응하는
40일 치유기도 훈련

1일

내 이름을 경외하는 너희에게는

(말 4:2) 내 이름을 경외하는 너희에게는 공의로운 해가 떠올라 서 치료하는 광선을 비추리니 너희가 나가서 외양간에서 나온 송아지 같이 뛰리라

[내 이름을 경외하는 너희에게는]

그렇습니다. 주님. 주님을 경외합니다. 이 세상을 창조하시고 다스 리시는 주님. 주님의 이름만이 높임 받고 주님의 놀라우심만을 경배드 립니다. 주님은 가장 높으신 분이십니다. 내가 주님을 경외합니다. 주 님의 높으신 이름을 즐겨 부르며 주님 품에 거합니다.

[공의로운 해가 떠올라서]

감사합니다. 주님. 창조 이래로 이 땅에서는 매일 아침마다 주님의 공의로운 해가 떠올라 우리를 지켜 주시고 보호하십니다. 이 일은 천 지가 창조되던 날부터 이날 이때까지 변한 적이 없습니다.

이 세상 어느 누가 주님의 공의를 거스를 수 있겠습니까. 주님의 공 의로운 해가 나를 지키시니 내 마음속 어둠을 물리치고 주님의 빛 가

운데로 나아갑니다. 어둠의 영은 나사렛 예수 그리스도의 이름을 명하노니 다 떠나갈지어다.

[치료하는 광선을 비추리니]

아멘. 주님의 공의로운 해가 광선을 발하사 내 몸이 치유함을 얻습니다. 주님의 따스한 광선이 내 온몸을 덮습니다. 강력하면서도 포근한 주님의 치료의 광선은 나를 낫게 하고 나를 살립니다.

방사선 치료보다 더 강력하고, 레이저 빛보다도 더 밝은 치유의 광선이 내 몸 구석구석에 비추어지니 이제 내가 치유함을 받습니다. 내 몸의 모든 암 덩어리들과 모든 병은 하나님의 치료의 광선이 모두 녹여 없애 버릴 것을 믿습니다.

[너희가 나가서 외양간에서 나온 송아지 같이 뛰리라]

할렐루야! 공의로우신 하나님의 치유의 광선으로 내 몸이 낫습니다. 그리하여 내 몸이 거뜬해지고 내 두 발이 힘을 얻고 나에게 생기가 넘쳐서 외양간에서 나온 송아지같이 기뻐 뛰며 힘차게 달릴 것입니다. 법궤가 예루살렘 성으로 들어오자 다윗이 주님의 법궤 앞에서 기뻐 뛰며 춤췄듯이 나 역시 주님의 치유하심으로 인해 송아지보다 더 높이 뛰어오를 것입니다. 내 믿음도 덩달아 하늘을 찌를 듯이 솟구쳐 오를 것입니다. 치유의 근원 되시는 주님의 은혜를 기뻐 뛰며 찬양합니다.

2일

모든 병과 모든 약한 것을 고치시니라

(마 9:35) 예수께서 모든 도시와 마을에 두루 다니사 그들의 회당에서 가르치시며 천국 복음을 전파하시며 모든 병과 모든 약한 것을 고치시니라

[예수께서 모든 도시와 마을에 두루 다니사]

할렐루야! 우리를 구원하시고 치유하시기 위해 모든 도시와 마을로 잃어버린 자를 먼저 찾아가신 예수님을 찬양합니다. 사람을 구원하시기 위해 이 땅에 오신 예수님. 당신께 찾아오는 사람만 고쳐 주신 것이 아니라 모든 도시와 모든 마을에 두루두루 다니신 그 사랑에 감사드립니다.

가르치고 복음을 전파하시고 병을 고치시는 예수님의 3중 사역으로 인해 우리가 구원을 받고 천국을 누리며 병 고침을 입게 하심을 믿습니다. 내 마음에도 오셔서 오늘도 믿음을 강건케 하시고 육체를 강건케 하소서.

[그들의 회당에서 가르치시며 천국 복음을 전파하시며]

아멘! 하나님이 누구신지, 예수님이 누구신지 가르쳐 주심을 감사드립니다. 우리가 부모님으로부터, 그리고 목사님으로부터, 또는 나를 먼저 전도한 그 누군가로부터 하나님에 대해 가르침을 받지 않았다면 어찌 우리가 구원을 받을 수 있겠습니까. 예수님께서 친히 가르치신 사역으로 모든 인류가 구원을 얻게 됨을 찬양합니다.

예수님께서 전파하신 그 소중한 천국 복음. 그 복음이 이방 땅에도 전파되고, 이곳 우리나라에까지 흘러 들어와, 그 복음으로 인해 우리가 살아도 이 땅에서 천국을 누리고 죽어도 천국에서 영원히 살 것을 믿습니다.

[모든 병과 모든 약한 것을 고치시니라]

맞습니다! 예수님은 복음만 가르치러 오신 것이 아니라 모든 병과 모든 약한 것도 고치셨으니 감사합니다. 예수님의 사역은 천국 복음을 전파하는 데서 그치지 않고, 모든 병과 약한 것을 고치시는 치유 사역도 포함됨을 믿습니다.

우리가 그동안 천국 복음과 구원과 영생에만 관심을 갖다 보니 예수님의 병 고치는 치유 사역을 등한시하였습니다. 하지만 예수님은 천국 복음 전파 못지않게 구원과 치유 사역도 동일한 관심을 갖고 계심을 알았습니다. 예수님께서 내 영혼을 죽음에서 생명으로 인도하셨듯이 모든 병과 모든 약한 것도 고치실 줄로 믿습니다.

 내 믿음도 강건케 하시고, 육체도 강건케 하시사 영혼육이 온전한
자로 거듭나게 하시옵소서.

3일

네 치유가 급속할 것이며

(사 58:8-9) 그리하면 네 빛이 새벽같이 비칠 것이며 네 치유가
급속할 것이며 네 공의가 네 앞에 행하고 여호와의 영광이
네 뒤에 호위하리니 네가 부를 때에는 나 여호와가 응답하겠고
네가 부르짖을 때에는 내가 여기 있다 하리라

[그리하면 네 빛이 새벽같이 비칠 것이며]

아멘! 나를 향한 치유의 광선이 새벽빛같이 나를 비춰 주사 내 모든
질병이 깨끗하게 나을 것을 믿습니다. 아무리 어둠이 깊다 해도 밝아
오는 새벽빛 앞에서는 순식간에 어둠이 사라짐을 알고 있습니다. 한
줄기 빛만 있어도 어둠의 세력은 다 떠나갑니다. 내 몸에 아픔과 통증
을 주는 이 모든 것도 다 떠나가게 하옵소서. 주님의 치유가 나에게 새
벽빛같이 임하시기를 기도합니다.

[네 치유가 급속할 것이며]

그렇습니다. 주님은 나에게 치료의 광선을 비추어 주셨으니 그 빛으
로 인해 내 몸의 치유가 급속히 이루어질 줄 믿습니다. 나에게 비춰 주

는 주님의 빛은 치유의 근원입니다. 치유는 온전히 주님의 뜻입니다. 급속한 치유로 나를 고치신다고 약속하시니 감사합니다. 이 놀라운 치유의 선포가 내 몸에 지금 당장 급속히 임하실 줄로 믿습니다.

[네 공의가 네 앞에 행하고 여호와의 영광이 네 뒤에 호위하리니]
할렐루야! 내가 주님을 믿습니다. 내 부족한 믿음을 공의롭게 여기사 하나님 앞에서 행해지는 공의로 여겨 주시니 감사합니다. 나의 연약함을 보지 않으시고 오로지 공의롭다고 칭찬하시고 인정하시는 한량없는 사랑에 감격의 눈물을 흘립니다.

거기에 더하여 여호와의 영광이 나를 호위하여 주신다니 내 영혼육은 안전합니다. 이 놀랍고 벅찬 감격의 말씀으로 인해 내가 새 힘을 얻습니다. 그리하여 염려와 불안이 나를 엄습하지 못하고 오직 주님 안에서 평안을 누립니다.

[네가 부를 때에는 나 여호와가 응답하겠고]
오 나의 주님! 내가 병에 걸려 고통당하고 신음할 때 주님의 이름을 부릅니다. 내가 신음할 때 주님의 이름을 높여 부릅니다. 내가 기도할 힘도 없을 때 주님의 이름을 마음속으로 되뇝니다.

주님은 언제나 신실하십니다. 내가 주님을 부를 때 언제나 주님이 응답하신다는 약속의 말씀이 나를 살리고 강건함을 얻습니다.

[네가 부르짖을 때에는 내가 여기 있다 하리라]

오 나의 주 하나님 아버지. 내가 병으로 눈물 흘리며 주님께 부르짖을 때 나에게 주님이 계심을 알려 주시니 감사합니다. 아무도 나를 이해해 주지 못하고, 아무도 나를 사랑하지 않는 것처럼 느껴질 때도 주님은 "내가 여기 있다." 말씀하시니 그 말씀이 나에게 힘이 됩니다.

내 작은 신음도 놓치지 않으시고, 내 탄식의 울음소리도 다 듣고 계시는 주님이 계시기에 내가 병에서 치유함을 얻을 것을 믿습니다.

4일

그가 채찍에 맞음으로 우리는 나음을 받았도다

(사 53:4-5) 그는 실로 우리의 질고를 지고 우리의 슬픔을
당하였거늘 우리는 생각하기를 그는 징벌을 받아 하나님께
맞으며 고난을 당한다 하였노라 그가 징계를 받으므로 우리는
평화를 누리고 그가 채찍에 맞으므로 우리는 나음을 받았도다

[그는 실로 우리의 질고를 지고 우리의 슬픔을 당하였거늘]

예수님께서는 우리의 질고(질병과 고통)를 지시고 죄인인 우리가 당
해야 할 슬픔을 십자가에서 대신 당하셨습니다. 내 죄로 인한 슬픔은
내가 당해야 하는 것임에도 불구하고 예수님께서 십자가에서 모두 짊
어지셨습니다. 그 일을 위해 하늘 보좌를 버리시고 이 땅에 오사 찢기
고 피 흘리고 치욕을 당하셨습니다. 그 고난과 슬픔으로 말미암아 내
가 구원을 받았습니다.

[우리는 생각하기를 그는 징벌을 받아 하나님께 맞으며 고난을 당한다 하였
노라]

그러나 우리는 예수님의 죽으심을 이해하지 못했습니다. 예수님의

희생을 감사해하지도 않았습니다. 오히려 십자가에서 신음하시는 예수님을 향해 '징벌을 당하는구나.' 조롱했습니다.

주여, 저는 죄인입니다. 당신의 고통은 우리의 질고를 위한 대속의 고통임을 깨닫고 회개와 감사의 고백을 드립니다.

[그가 징계를 받으므로 우리는 평화를 누리고]

내 죄를 대신해서 주님이 징계를 받으셨습니다. 그 결과 우리가 평화를 누립니다. 나의 어떠한 노력이나 희생 없이 거저 받아 누리는 평화임에도 불구하고 우리는 예수님께 감사하지 못했습니다. 주님이 받은 징계는 진정 내 죄와 내 치유를 위해 대신 짊어지신 고난임을 믿습니다. 내가 지금 평화를 누림은 주님의 희생의 결과입니다.

[그가 채찍에 맞으므로 우리는 나음을 받았도다]

예수님의 채찍에 맞으심은 우리의 육체의 질고를 낫게 하셨습니다. 여기서 쓰인 '나음'이 히브리어로 '라파'임을 알게 되어 감사드립니다.

(출 15:26) 나는 너희를 치료(라파)하는 여호와임이라

(삼상 6:3) 그리하면 병도 낫고(라파)

(왕하20:8) 히스기야가 이사야에게 이르되 여호와께서 나를 낫게(라파) 하시고

(사 53:5) 그가 채찍에 맞으므로 우리는 나음(라파)을 받았도다

예수님의 채찍은 영혼의 구원에 국한된 것이 아니라 육체의 치유와 고침을 주시는 '라파'임을 알게 되어 감사합니다.

여호와 라파! 예수님이 채찍에 맞아 피 흘리고 고통을 당하심으로 우리가 하나님의 고침(라파)를 받습니다. 예수님이 채찍에 맞음으로 내가 나음을 받았습니다. 영혼의 죄사함뿐만 아니라 육체의 치유함까지 얻게 하신 주님을 찬양합니다.

5일

우리의 병을 짊어지셨다

(마 8:17) 이는 선지자 이사야를 통하여 하신 말씀에 우리의
연약한 것을 친히 담당하시고 병을 짊어지셨도다 함을 이루려
하심이더라

[이는 선지자 이사야를 통하여 하신 말씀에]

이사야 53장 5절에 이미 말씀하신 예언, "그가 징계를 받음으로 우리
가 평화를 누리고 그가 채찍에 맞음으로 우리가 나음을 입었도다."라
는 말씀을 마태복음에서 다시 보면서 구약의 예언이 신약에서 성취되
었음을 믿고 감사드립니다. 주님의 마음은 우리가 평화를 누리고 나음
을 얻는 것이라 하셨사오니 그 말씀대로 이루어질 줄 믿습니다.

[우리의 연약한 것을 친히 담당하시고]

우리의 연약함을 아시는 주님. 마음으로는 주님을 따른다 하면서도
주님을 멀리하고, 마음은 원이로되 육신이 연약하다는 핑계로 주님 마
음을 아프게 한 죄인입니다. 용서하여 주시옵소서. 또한 우리는 육체
가 연약하여 늘 넘어집니다. 내가 지금 암에서 고통받아 주님께 호소

말씀에 반응하는 40일 치유기도 훈련

합니다. 이미 우리의 연약함을 십자가에서 친히 담당하셨음을 이 말씀을 통해 가르쳐 주시니 감사합니다.

[병을 짊어지셨도다 함을 이루려 하심이더라]

주님이 십자가를 짊어지심은 내 죄를 인함이요 그 십자가를 짊어지심으로 인해 내 병도 함께 짊어지셨습니다. 지금까지는 십자가가 내 죄를 사하는 능력만 있는 줄 알았는데 마태의 고백을 통해 내 병도 함께 사해졌음을 알았습니다.

내 병은 예수님께서 이미 짊어지셨으므로 내가 다시 스스로 짊어질 필요가 없습니다. 이 믿음으로 내가 병에서 나음을 얻습니다.

> * 병을 짊어지셨도다의 '짊어지다'는 헬라어로 '바타소(bataso)'이다. '어떤 것을 가져가다', '다른 사람의 짐을 자기에게 얹다'라는 뜻이다. 노예를 자유인으로 해방시키려면 그 노예의 값을 누군가가 대신 지불해야 한다. 즉, 노예의 값의 짐을 누군가가 자기에게 얹어서(감당해서) 노예를 해방시켜 주는 것이다. 이것을 '대속'이라고 한다.
> 주님께서는 십자가를 통해 우리의 죄도 대속하셨고(짊어지셨고), 특별히 마태복음 8장 17절은 우리의 병도 대속하셨음(짊어지셨음)을 알려 주고 있다.

6일

온 육체의 건강이 됨이라

(잠 4:20-22) 내 아들아 내 말에 주의하며 내가 말하는 것에
네 귀를 기울이라 그것을 네 눈에서 떠나게 하지 말며
네 마음 속에 지키라 그것은 얻는 자에게 생명이 되며
그의 온 육체의 건강이 됨이니라

[내 아들아 내 말에 주의하며 내가 말하는 것에 네 귀를 기울이라]

할렐루야! 하나님이 나를 아들이라 불러 주심을 감사드립니다. 주님
이 나를 자녀라고 불러 주시는 것은 내 공로나 내 노력이 전혀 없기에
전적인 주님의 은혜입니다.

자녀는 부모님의 말씀을 듣습니다. 그것도 가벼이 듣지 않고 주의하
며 듣습니다. 내가 내 아버지 되신 주님의 음성에 주의하여 귀를 기울
입니다. 내가 주님의 기록된 말씀인 성경의 가르침에 주의하여 성경을
읽고 주님의 마음을 알기를 소원합니다. 내가 주님께 귀를 기울일 때
주님은 좋은 것으로 내 인생에 복을 주십니다.

[그것을 네 눈에서 떠나게 하지 말며 네 마음 속에 지키라]

성경을 늘 가까이하고 읽으며 내 눈에서 떠나지 않겠습니다. 성경 말씀을 늘 묵상하여 내 마음이 성경으로 인하여 보호를 받겠습니다. 말씀이 힘이요 능력임을 믿습니다. 성경은 살아 있는 하나님의 능력이 되기에 내가 눈에서 떠나지 않게 하고 내 마음속에 간직하고 지키겠습니다.

[그것은 얻는 자에게 생명이 되며 그의 온 육체의 건강이 됨이니라]

말씀을 얻는 자는 생명을 얻는 것이고, 육체의 건강까지도 얻게 됨을 이렇게 정확하게 성경에 알려 주시니 감사합니다. 내 몸이 죽은 자처럼 약해지고, 병의 질고로 인해 죽어 가고 있었으나, 말씀이 생명이 되고 육체의 건강이 된다는 진리를 받아들이면서 다시 강건해질 것을 믿습니다. 이제는 흔들리지 않고 생명의 말씀을 꼭 붙들겠습니다. 그리하여 온 육체의 건강을 회복하겠습니다.

> * 육체의 건강은 히브리어로 '마르페(marpe)'라고 하는데 이 말에서 영어의 약(medicine)이 파생되었다고 한다. 하나님의 말씀은 내 몸을 고치고 내 심령을 세우고 건강을 주는 약이다. 말씀을 얻는 자는 생명이 되고, 온 육체가 건강하게 된다고 성경은 가르쳐 주신다.

7일

네 모든 병을 고치시며

(시 103:3-5) 그가 네 모든 죄악을 사하시며 네 모든 병을 고치
시며 네 생명을 파멸에서 속량하시고 인자와 긍휼로 관을 씌우
시며 좋은 것으로 네 소원을 만족하게 하사 네 청춘을 독수리
같이 새롭게 하시는도다

[그가 네 모든 죄악을 사하시며 네 모든 병을 고치시며]

주님은 계속해서 성경의 여러 구절에서 죄사함과 병 고침을 함께 기
록하고 계십니다. 구원 사역과 치유 사역은 분리될 수 없는 것입니다.
죄사함이 있으면 구원을 받고 병 고침을 받습니다.

주님의 뜻은 결코 우리가 구원을 못 받거나 병 고침을 못 받는 것이
아님을 믿습니다. 주님은 우리가 구원받기를 원하셔서 내 모든 죄악을
사하십니다. 그리고 내가 건강하기를 원하셔서 내 모든 병을 고치십니
다. 주여. 십자가에서 내 모든 죄악을 사하셨듯 내 모든 병도 고쳐 주
시옵소서.

[네 생명을 파멸에서 속량하시고 인자와 긍휼로 관을 씌우시며]

아멘! 죽어 가는 내 생명을 파멸에서 속량하신다는 약속으로 인해 큰 위로와 큰 힘을 얻습니다. 주님의 인자는 놀랍고 크십니다. 주님의 긍휼은 나를 살리시는 은혜입니다. 주님의 인자와 긍휼이 내게 관을 씌우십니다.

내가 무엇이기에 이토록 사랑하시고 높여 주십니까. 내가 무엇이기에 파멸에서 속량하십니까. 주님의 한없는 사랑에 감격하여 목이 멥니다.

[좋은 것으로 네 소원을 만족하게 하사]

내가 가진 소원보다도 더 좋은 것으로 내 영혼을 만족하게 하시는 주님. 내가 지금 병으로 고통받습니다. 내 소원은 오로지 치유를 간구하는 것인데, "좋은 것으로 나를 만족하게 하신다."라는 치유의 말씀으로 내가 살아납니다. 내 영혼이 살아납니다. 내 육체가 살아납니다.

내가 기도하는 것보다 더 많이 내 소원을 만족하게 하신다고 약속하시는 분이 주님 말고 도대체 누가 있단 말입니까. 내가 건강하여 만족한 삶을 누리게 하시는 주님. 감사합니다.

[네 청춘을 독수리같이 새롭게 하시는도다]

오 좋으신 하나님! 꺼져 가는 등불 같은 내 생명을 젊은 청춘처럼 힘이 솟게 하시고 독수리 날개 치고 올라가듯이 회복하게 하시니 감사합니다. 내가 주님으로 인하여 영혼이 새로워지고 육체가 새로워짐을 감사드립니다. 회복의 과정에 들어서서 온몸이 새롭게 하시니 감사합니다.

비록 지금은 병으로 인해 약해졌으나, 내 청춘 같은 영혼육은 독수리같이 새롭게 될 것입니다. 이전 것은 지나갔으니 보라 새롭게 되었도다! 독수리같이 강건하게 새롭게 하시는 주님을 찬양합니다.

8일

너희 죽을 몸도 살리시니라

(롬 8:11) 예수를 죽은 자 가운데서 살리신 이의 영이 너희 안에 거하시면 그리스도 예수를 죽은 자 가운데서 살리신 이가 너희 안에 거하시는 그의 영으로 말미암아 너희 죽을 몸도 살리시리라

[예수를 죽은 자 가운데서 살리신 이의 영이 너희 안에 거하시면]

하나님 아버지. 예수님을 죽음에서 살리시고 부활하게 하신 분이 하나님이십니다. 주님은 생명의 부활을 예수님께 주셔서 죽음 권세를 이기고 사망의 권세를 물리치셨습니다.

그 죽음에서 살리신 하나님의 영이 내 안에도 거하시기를 소원합니다. 몸의 상태와 통증에 집중하지 않고 죽음을 이기신 영을 내 안에 가득 채웁니다. 그리하면 내가 살아날 것입니다.

[그리스도 예수를 죽은 자 가운데서 살리신 이가]

그렇습니다. 주님. 성경은 하나님께서 예수님을 죽은 자 가운데서 살리셨음을 반복해서 증거하고 있습니다. 부활의 영, 영생의 영은 오직 하나님께로부터 옴을 믿습니다.

[너희 안에 거하시는 그의 영으로 말미암아 너희 죽을 몸도 살리시리라]

고마우신 주님. 주님의 영, 부활과 권세와 능력의 영이 우리 안에 거하신다고 약속하시고 가르쳐 주시니 감사합니다. 하나님의 영으로 말미암아 내가 새 힘을 얻습니다. 하나님으로 말미암아 내가 죽을 몸에서도 살아난다고 약속하시니 감사합니다.

비록 내 귀에 들려오는 소리는 '암에 걸렸다, 중병에 걸렸다, 낫기 힘들다' 할지라도 이제는 죽음을 두려워하지 않겠습니다. 하나님께서 살아난다 하셨으니 내가 살아날 줄로 믿습니다. 죽은 자도 살리시는 하나님께서 아직 죽지도 않은 나를 살리지 못할 이유가 없습니다. 오 주여, 나를 불쌍히 여기시사 죽을 몸도 살려 주시니 감사합니다.

9일

병든 자를 고치며 죽은 자를 살리며

(마 10:8) 병든 자를 고치며 죽은 자를 살리며 나병환자를
깨끗하게 하며 귀신을 쫓아내되 너희가 거저 받았으니 거저 주라

[병든 자를 고치며]

참으로 예수님의 권능은 놀랍습니다. 예수님은 자신의 권세와 능력을 제자들에게도 주셨습니다. 그 권세와 능력의 첫 번째가 병든 자를 고치는 치유의 능력입니다.

제자들은 나와 같이 평범한 사람들이었습니다. 그러나 제자들이 주님의 병 고치는 권세를 받았다면 나 역시 내 병이 고쳐지도록 기도합니다. 예수님의 은혜로 나는 병에서 놓여나기를 간구합니다.

[죽은 자를 살리며]

예수님이 제자들에게 주신 두 번째 능력은 죽은 자를 살리는 능력입니다. 죽은 자를 살리는 능력은 예수님의 권능을 받은 제자들을 통해 실제로 나타났습니다. 베드로가 다비다를 살리고, 바울이 유두고를 살렸습니다. 오늘날에도 하나님의 말씀은 죽어가는 자를 살리는 능력을

보여 줄 것을 믿습니다. 내 육체가 지금 죽어 가는 것처럼 힘들다 할지라도 죽은 자를 살리신 하나님의 능력으로 내 몸의 암과 질병을 치유하여 주시기를 간구합니다.

[나병환자를 깨끗하게 하며]

제자들이 예수님으로부터 받은 세 번째 능력은 나병환자를 깨끗하게 하는 능력입니다. 성경은 제자들이 여러 가지 불치병을 고치는 능력을 받았음을 기록하고 있습니다. 그 옛날의 나병은 오늘날의 암만큼이나 무섭고 불가능한 병이었지만 예수님은 능히 고치실 수 있습니다. 주님. 내 암도 고쳐주시옵소서. 내 질병도 깨끗이 고쳐 주시옵소서. 2천 년 전과 동일하게 치유하시고 고치시는 주님의 능력을 믿습니다.

[귀신을 쫓아내되]

귀신이나 악령은 문명이 발달하지 않는 아프리카 같은 곳에만 있고, 문명이 발달한 나라는 귀신이나 악령이 없을 것이라고 생각한 적이 있습니다. 하지만 사실은 그렇지 않습니다. 악한 영은 어디나 있습니다.

주님. 내가 악한 영이 주는 두려움과 공포로 인해 불면증에 시달리고 몸이 점점 쇠약해집니다. 헛것이 보이기도 하고 곧 죽을 것처럼 가슴이 답답하기도 합니다. 내 마음이 심히 무겁고 어렵습니다.

하지만 나를 힘들게 하는 귀신을 쫓을 능력이 주님의 말씀에 있고 나에게 있음을 믿습니다. 그 힘을 나에게 허락하여 주시니 감사합니다. 나는 믿음으로 귀신을 쫓아내는 힘이 있음을 고백합니다.

[너희가 거저 받았으니 거저 주라]

그렇습니다. 주님. 구원도 내가 거저 받은 것이요, 치유의 능력도 제자들이 거저 받은 것이니 그것으로 자랑할 것도 이득을 취할 것도 없습니다. 그런데도 내 마음은 내가 받은 것을 자랑하고 내가 칭찬받고 내 유익으로 쓰고 싶은 마음이 있습니다.

나는 아무 공로 없이 구원을 선물로 받았습니다. 제자들도 병 고치는 은사를 예수님으로부터 거저 받았습니다. 내가 거저 받은 모든 은혜에 감사하여 나도 구원을 전파하고 은혜를 거저 나누겠습니다. 내가 몸이 나음을 입고 병든 자에게 주님의 복음을 전파하겠습니다. 주님의 치유하심을 높여 찬양하겠습니다.

10일

나음을 얻었나니

(벧전 2:24) 친히 나무에 달려 그 몸으로 우리 죄를 담당하셨으니 이는 우리로 죄에 대하여 죽고 의에 대하여 살게 하려 하심이라 그가 채찍에 맞음으로 너희는 나음을 얻었나니

[친히 나무에 달려 그 몸으로 우리 죄를 담당하셨으니]

나무에 달리는 것은 저주받은 것이라 여겨지던 유대 사회에서(신 21:23) 그 모든 수모와 오해 가운데서도 우리를 위해 친히 십자가에 달려 돌아가신 주님. 주님의 몸이 고통당하고 찢기심으로 인해 우리의 죄를 담당해 주심을 감사드립니다. 주님의 희생은 우리를 살리기 위한 희생입니다. 이 희생이 나를 살리고 내 영혼을 살립니다.

[이는 우리로 죄에 대하여 죽고 의에 대하여 살게 하려 하심이라]

십자가의 의미는 우리를 죄에 대하여 죽고 의에 대하여 살게 하기 위함입니다. 십자가의 피 흘리심으로 내 죄가 사함을 받았습니다. 내가 구원을 받았습니다. 내가 영생을 얻었습니다. 나는 주님으로 인해 의인이 되었습니다. 이제는 죄책감과 정죄감에서 벗어나 의인 된 자로

살아가겠습니다. 의에 대해 살아난 나는 영혼육의 온전한 구원을 믿습니다.

[그가 채찍에 맞음으로 너희는 나음을 얻었나니]

주님이 받은 채찍은 나를 살리기 위한 채찍이요, 주님의 피 흘리심은 내 죄를 사하시는 보혈입니다. 주님이 육체의 질고를 당하심으로 우리가 나음을 입었습니다. 십자가는 영혼의 죄사함뿐만 아니라 육체의 나음도 담당하신 것을 믿습니다. 그 믿음으로 내 육체도 나음을 입은 줄로 믿고 감사를 드립니다.

> * 채찍에 맞음으로 나음을 받았고(사 53:5), 우리의 병을 짊어지셨고(마 8:17), 채찍에 맞음으로 나음을 얻었다(벧전 2:24)라는 '십자가 대속의 메시지'가 성경에 거듭 나온다.
>
> 이사야 53장 5절의 '나음'은 히브리어로 '라파'이고, 베드로전서 2장 24절의 '나음'은 헬라어로 '이아오마이'이다. 이 말은 두 말은 '치유하다, 온전케 하다'란 의미이다. 예수님의 십자가는 실로 우리 영혼의 죄사함이 이루어지게 한 사건임과 동시에, 육체의 나음(라파, 이아오마이) 또한 얻게 한 사건임을 이사야서와 마태복음과 베드로전서에서 거듭 말해 주고 있다.

치유 간증 1

〈전이된 간암에서의 치유〉

> *《긍정의 힘》이라는 책으로 잘 알려진 미국 레이크우드 교회 조엘 오스틴 목사의 어머니 도디 오스틴 여사의 치유 간증.

"암에서의 치유"의 저자 도디 오스틴 여사의 간증입니다.

나는 일하기를 좋아하고 활동적이었다. 그러나 1981년 10월, 나이 48세에 몸에 오한을 느끼고 열이 나는데 몸은 차가워서 병원을 찾았다. 2~3일 입원하며 종합검진을 받으리라 생각했는데 20일이나 머물면서 각종 검사를 받게 되었다.

"전이성 간암입니다. 항암을 하든 안 하든 2~3주밖에 못 삽니다. 우리가 치료를 해 보겠습니다만 그저 얼마간 생명을 연장시킬 뿐입니다."

청천벽력 같은 소식에 남편은 의사에게 말했다.

"제 아내를 집으로 데려가렵니다. 치료를 하든 안 하든 얼마 남지 않았다고 하니 하나님께 기적을 구하겠습니다. 하나님은 기적을 행하시는 분이십니다."

나는 당대의 치유 사역자들에게 전화를 했다. 능력 있는 치유 사역자 오랄 로버츠, 케네스 해긴, 케네스 코프랜드, T.L. 오스본 등에게서 전화로 또는 직접 가서 치유기도를 받았으나 하나님은 나에게 깨달음을 주셨다.

"네가 낫기 위해서는 남편의 믿음도, 오랄 로버츠의 믿음도, 케네스 해긴의 믿음도 아닌 바로 '너'의 믿음으로 기도해야 한다."

그 후 나는 성경에 나오는 치유의 구절들을 벽에 붙이고 매일 반복해서 고백하고 선포했다. 마음에 부정적인 생각이 들 때마다 "예수님이 채찍에 맞음으로 나는 나음을 얻었느니라. 예수님이 채찍에 맞음으로 나는 나음을 얻었느니라(벧전 2:24)" 이렇게 반복해서 말하고 고백했다.

가족들은 내가 이미 정상적으로 치료받은 것처럼 대했다. 예를 들어 방 안의 가구를 옮길 때에도 "엄마, 엄마는 치유받았으니까 엄마가 하세요."라고 말하며 내가 직접 옮기도록 했다.

나는 결혼사진과 건강했던 사진들을 벽에 걸어 놓고 "저렇게 건강하게 될지어다."라고 선포했다. 그리고 이미 나은 것을 상상하며 나은 것처럼 행동하고 성경 말씀을 암송했다.

"당신이 투병 생활을 할 때 그냥 주저앉아 자신에 대해 측은하게 여기지 마십시오. 동정하는 마음이 득을 보는 법은 없습니다. 나는 내 몸을 향하여 말하고 그것을 향해 하나님의 말씀과 일치되라고 명령함을 통해서 내 스스로 동정심을 극복했습니다."

그러나 몸의 상태는 금방 좋아지지 않았고 통증이 심하게 몰려오기도 했다. 하지만 그녀는 계속 믿음으로 선포하며 암과 싸웠다.

"나는 건강하게 되었다. 하나님이 나를 치료하셨다. 나는 죽지 않고 살 것이다. 나는 하나님의 역사를 선포할 것이다."

1983년 11월, 암 판정을 받은 지 만 2년 후에 다시 병원을 찾았다. 피검사와 7가지 간 기능 검사를 했는데 결과는 완전 정상이었다.

43세에 찾아온 병으로 인해 2~3주밖에 못 산다던 그녀는 2022년 현재 87세가 되도록 19명의 손자 손녀와 더불어 건강하게 살아 있으며 전 세계 사람들에게 하나님의 치유에 대한 감동과 은혜를 전하고 있다.

* 도디 오스틴은 병원에서 더 이상 치료할 수 없다는 선언을 받았기 때문에 오직 성경 말씀에만 매달렸다.

하지만 지금 병원의 도움을 받을 수 있는 상태라면 당연히 병원 치료와 성경 말씀에 의한 치유를 함께해야 할 것이다. 하나님과 의학은 동일한 결과, 즉 병든 자에게 건강을 회복하게 해주는 결과를 가져다준다. 하나님은 의학이라는 좋은 선물을 우리에게 주셨기 때문에 병원 치료를 거부할 필요는 없다. 모든 것이 합력하여 선을 이루는 것이다.

11일

내가 너를 낫게 하리니

(왕하 20:5) 너는 돌아가서 내 백성의 주권자 히스기야에게
이르기를 왕의 조상 다윗의 하나님 여호와의 말씀이 내가
네 기도를 들었고 네 눈물을 보았노라 내가 너를 낫게 하리니
네가 삼 일 만에 여호와의 성전에 올라가겠고

히스기야는 죽을 목숨이었다. 열왕기하 20장 1절에 이사야가 그에게 이르되 "여호와의 말씀이 너는 집을 정리하라 네가 죽고 살지 못하리라 하셨나이다."라고 했다. 절망적인 죽음의 선포를 듣는 순간 히스기야는 왕의 신분이지만 당대 최고의 의술을 가진 왕실 의료진들을 부르지 않고 하나님께 기도했다.

(왕하 20:2) 히스기야가 낯을 벽으로 향하고 여호와께 기도하여 이르되

(왕하 20:3) 여호와여 구하오니 내가 진실과 전심으로 주 앞에 행하며 주께서 보시기에 선하게 행한 것을 기억하옵소서 하고 히스기야가 심히 통곡하더라

말씀에 반응하는 40일 치유기도 훈련

하나님은 히스기야의 기도를 들으셨고, 이사야가 히스기야에게 죽고 살지 못한다는 말을 전한 후 성읍으로 돌아가기도 전에 응답하셨다. 그리고 이사야에게 다시 명령하셨다.

(왕하 20:5) 너는 돌아가서 내 백성의 주권자 히스기야에게 이르기를 왕의 조상 다윗의 하나님 여호와의 말씀이 내가 네 기도를 들었고 네 눈물을 보았노라 내가 너를 낫게 하리니 네가 삼 일 만에 여호와의 성전에 올라가겠고
(왕하 20:6) 내가 네 날에 십오 년을 더할 것이며 내가 너와 이 성을 앗수르 왕의 손에서 구원하고 내가 나를 위하고 또 내 종 다윗을 위하므로 이 성을 보호하리라 하셨다 하라 하셨더라

하나님은 히스기야에게 십오 년이나 날수를 더해 주셨다. 히스기야가 그 응답을 받았을 때 얼마나 기뻤을까? 지금 우리도 히스기야와도 같은 간절한 심정으로 하나님께 치유의 기도를 올리자.

[내가 네 기도를 들었고]
하나님 아버지 감사합니다. 때로는 아무리 기도해도 주님이 듣지 않으신 것 같이 느껴질 때가 있습니다. 내 귀로 들리지 않으니 주님의 음성을 듣기가 너무 힘이 듭니다. 하지만 오늘 말씀을 통해 하나님께서는 내 기도를 들으시는 분이라는 것을 다시 한번 믿게 하시니 감사합

니다. 믿음의 기도는 병든 자를 낫게 한다고 하셨으니 그 말씀으로 인하여 새 힘을 얻습니다.

주님이 내 형편과 상황을 아시고 내 기도를 들으셨으니 이제 응답받는 일만 남았습니다. 기도를 통해 나와 대화하시는 주님을 찬양합니다.

[네 눈물을 보았노라]
주님. 그렇습니다. 제가 지금 고통 속에서 너무 아파 눈물을 흘립니다. 어찌하여 이런 질병이 나에게 왔는지 병이 주는 두려움으로 인해 내 마음이 무너집니다. 눈물이 내 손수건을 적시고 내 심장을 적십니다. 그러나 내가 고통 가운데 울고 있을 때, 주님께서 내 눈물을 보았노라 말씀하시니 감사합니다. 나는 나 혼자 외로이 이 병 가운데 놓여져 눈물 흘리는 줄 알았는데 주님이 내 눈물을 보시고 내 눈물을 닦아주실 것을 믿습니다.

[내가 너를 낫게 하리니]
히스기야가 죽음을 앞에 두고 두려워할 때 주님의 음성이 들립니다.

"내가 너를 낫게 하리니."

세상에 기댈 곳 없고 세상에 희망을 가질 곳이 없어서 벽을 바라보고 통곡하여 울던 히스기야였지만 주님 음성 한 마디로도 거뜬히 이겨

내고 살아나게 되었습니다.

　주님. 히스기야에게 들려주셨던 음성을 나에게도 들려주옵소서.

　"내가 너를 낫게 하리니"

　이 음성이 내가 가장 듣고 싶어 하는 음성입니다. 간절히 듣고자 바라는 음성입니다. 히스기야만 주님의 사랑하는 자녀가 아니라 나 또한 주님의 사랑하는 자녀이니 나도 주님이 낫게 하신다는 말씀을 믿고 힘을 내겠습니다.

　[네가 삼 일 만에 여호와의 성전에 올라가겠고]
　주님. 감사합니다. 이렇게 구체적인 날짜까지 말씀해 주시면서 히스기야에게 치유를 약속하셨습니다. 그 치유의 약속이 나에게도 동일하게 분명히 임할 줄 믿습니다.

　하나님은 내 머리털 하나까지도 세고 계신 하나님이십니다. 내가 며칠 만에 낫게 되는지 그 날짜까지도 알고 계신 하나님이십니다. 머지않아 나에게도 치유의 팡파르가 울려 퍼질 줄 믿고 감사함으로 기운을 얻습니다.

12일

내가 너를 굳세게 하리라

(사 41:10) 두려워하지 말라 내가 너와 함께 함이라 놀라지 말라
나는 네 하나님이 됨이라 내가 너를 굳세게 하리라 참으로
너를 도와 주리라 참으로 나의 의로운 오른손으로 너를 붙들리라

[두려워하지 말라 내가 너와 함께 함이라]

주님 제가 두렵습니다. 이 병으로 인해 내가 죽을까 봐 솔직히 무섭
습니다. 마치 주님이 안 계신 듯, 또는 너무 멀리 계셔서 나를 도와주
시지 못하실까 두렵습니다. 하지만 주님께서 나와 함께하고 계신다는
확증의 말씀을 주시니 감사합니다. 아버지가 자녀를 사랑하사 보호하
시고 함께하시니 내가 새 힘을 가집니다. 두려워하지 말라 말씀하시는
주님의 음성을 들으며 내가 담대함을 얻습니다.

[놀라지 말라 나는 네 하나님이 됨이라]

내가 병원에서 암 선고를 받고 놀란 가슴을 진정시키지 못했던 날을
떠올립니다. 지금까지도 놀란 가슴이 솔직히 진정되지 않습니다. 병
은 수시로 나를 공격해서 내 마음의 평안을 깹니다. 하지만 주님께서

말씀에 반응하는 40일 치유기도 훈련

이미 내 몸의 상태를 아시고 놀라지 말라 하시니 그 음성에 내가 평안을 얻습니다.

나의 하나님, 나의 주님, 나의 아버지, 나의 창조주, 나의 구원자, 나의 보호자 되시는 하나님의 권세는 나를 두려움과 놀람에서 이기게 하는 능력의 방패입니다. 주님께서 제 아버지가 되어 주셔서 감사합니다.

[내가 너를 굳세게 하리라 참으로 너를 도와 주리라]
아멘. 주님이시여. 내 약함과 내 병에서 놓여나 굳세고 강건한 육체를 갖게 하실 것으로 인하여 감사 찬양드립니다. 내가 그동안은 두 다리가 떨리고 온몸이 떨렸으나 이제 나를 굳세게 하시는 하나님과 동행합니다. 참으로 나를 도우시는 하나님의 임재하심과 돌보심에 강건하여집니다. 강인한 마음에 급속한 회복이 임할 것입니다. 여호와는 나의 도움이시고 나의 산성이시니 내가 든든히 투병 생활에서 승리합니다.

[참으로 나의 의로운 오른손으로 너를 붙들리라]
주의 강한 손이 나를 붙드시니 내가 흔들리지 않습니다. 주님의 의로운 손길이 나를 붙드시니 내가 넘어지지 않습니다. 주님의 보호하심이 내 마음과 생각을 지키시니 내가 넘어지지 않습니다. 이제껏 병 앞에서 연약한 나였지만 이제는 내가 승리합니다. 이제는 내가 온전하여집니다. 주님의 의로우심이 나와 동행하시니 내가 병에서 놓여 치유를 얻습니다.

13일

내가 죽지 않고 살아서

(시 118:17) 내가 죽지 않고 살아서 여호와께서 하시는 일을
선포하리로다

2020년 병원에 입원해 있을 때였습니다. 의사들은 매일같이 내 병실
에 들어와서 부정적인 결론, 불가능한 말들을 했습니다. 이미 전이가
되어 힘든 상태라고 했습니다. 늦어서 수술도 불가능하다고 했습니다.

그러나 나는 내 마음을 떨리게 하고 힘들게 하는 의사의 말들을 들
으면서도 한편으로는 알 수 없는 평안함 가운데 있었습니다. 나에게는
나도 모르게 자꾸 이런 마음이 들었습니다.

'하나님께서 나를 이렇게 일찍 데려가실 이유가 없지. 나를 고통 가
운데 죽어 가게 하실 이유가 없어. 치유의 하나님, 전능하신 하나님께
서 나를 살리실 거야. 나를 얼마나 사랑하시는데 내가 죽도록 내버려
두시겠어?'

이유를 알 수 없는 평안함과 담대함을 누리고 있으면서 성경을 통독하기 시작했습니다. 성경에 나오는 모든 희망적인 구절, 내 마음을 강하게 하는 구절, 치유의 구절들을 형광펜으로 칠하며 매일매일 말씀을 먹을 때였습니다. 시편 118편 17절이 강하게 내 눈길을 끌었습니다.

"내가 죽지 않고 살아서 여호와께서 하시는 일을 선포하리로다"

이 말을 읽는 순간 내 마음이 뜨거워지기 시작했습니다. 그리고 글자체가 굵은 글씨체로 변하면서 그 한 줄이 3D처럼 앞으로 불쑥 튀어나오는 것 같았습니다. 내 안에 강한 주님의 인도하심이 느껴졌습니다.

'그래, 내가 지금까지 알 수 없는 평안함 가운데 있었던 것은 바로 이 말씀에 근거한 것이었구나. 내가 죽지 않고 살아서 여호와의 하시는 일을 선포하고 여호와의 일하심을 간증하고 주님을 높이게 되겠구나.'

지금 질병에 시달리며 죽음을 앞에 두고 있는 사람이 있다면 이 구절을 하루에 100번씩이라도 약으로 먹기를 추천합니다. 인생은 70이요 강건하면 80도 넘게 살 수 있다고 성경은 말씀합니다. 너무 일찍 포기하지 마세요. 하나님은 내가 죽지 않고 살아서 여호와께서 하시는 일을 담대히 선포하기를 원하십니다. 주님은 당신의 치료자이십니다. 하나님은 당신을 사랑하십니다.

[내가 죽지 않고 살아서 여호와께서 하시는 일을 선포하리로다]

주님 감사합니다. 세상 의학적 소견으로는 내가 이미 죽은 자요 불가능한 자라고 말하지만 나는 죽지 않고 살아날 것입니다. 내가 회복되어 여호와께서 하시는 일을 선포할 것입니다. 주를 사랑하는 자에게 주님은 결코 나쁜 것을 주시지 않는 분이심을 믿습니다.

주님은 사람의 생명이 강건하면 80도 넘게 산다고 하셨습니다. 내가 죽지 않고 살아나 회복되어 사람들에게 주님의 권능을 선포할 것입니다. 주님의 치유를 간증하며 주님을 높일 것입니다. 여호와의 일을 선포할 기쁨에 내 마음이 외양간에서 나온 송아지같이 마구 뜁니다. 주님은 나의 치료자이시요 나의 생명의 근원이십니다.

14일

죽은 자를 살리시며

(롬 4:17) 기록된 바 내가 너를 많은 민족의 조상으로 세웠다
하심과 같으니 그가 믿은 바 하나님은 죽은 자를 살리시며
없는 것을 있는 것으로 부르시는 이시니라

로마서 4장 16절에서 하나님은 아브라함을 모든 사람의 조상으로 세웠다. 아브라함의 믿음을 보시고 하나님은 아들을 낳을 수 없는 아브라함과 사라를 통해 약속의 말씀을 성취하셨다.

[하나님은 죽은 자를 살리시며 없는 것을 있는 것으로 부르시는 이시니라]

그렇습니다. 주님. 주님은 인간의 상식이나 경험을 뛰어넘으시는 분이십니다. 아브라함의 육체가 이미 100세가 되고 아내 사라의 육체 또한 90세가 되어 자녀를 낳을 능력은 죽은 자가 되었지만 그들을 통해 생명을 주셨습니다.

인간의 의학이나 기술로 어찌 100세 된 자가 아들을 낳을 수 있단 말입니까? 하지만 하나님은 무에서 유를 창조하사 천지를 지으신 하나님이시기에 불가능이 없으신 하나님이십니다.

하나님의 전지전능하심을 믿으며 저의 병을 주님께 의탁합니다. 병원에서는 여러 가지로 부정적인 말들을 하지만 죽은 자도 살리고 병든 자를 낫게 하시는 하나님이심을 믿습니다. 오직 제 소망은 주님밖에 없습니다. 성경의 치유의 말씀들을 붙듭니다.

말씀이 양약이 되어 내 질병을 고치실 것을 믿음으로 선포합니다.

15일

장수하게 함으로

(시 91:16) 내가 그를 장수하게 함으로 그를 만족하게 하며
나의 구원을 그에게 보이리라 하시도다

나의 주 하나님 아버지. 내가 병에 걸려 깊은 수렁에 빠진 듯 곤고함 가운데 헤맬 때 주님의 말씀으로 힘을 얻습니다.

아직 할 일이 많이 남아 있습니다. 아직 자녀들에게 힘이 되어 주어야 할 부모입니다. 아직 늙으신 부모님을 더 모셔야 할 자식입니다. 아직 교회에서도 감당해야 할 사명들이 많습니다.

기도로 사람들에게 힘을 주고 권면해야 할 내가 이렇게 병상에 누워 하염없이 눈물 흘릴 때 주님은 말씀으로 제 침상을 찾아 주셨습니다. 그리고 산 소망을 주시니 감사합니다.

[내가 그를 장수하게 함으로 그를 만족하게 하며]
주님께서 내가 이 병에서 죽지 않고 장수한다고 하시니 내 두 다리

에 힘이 불끈 솟습니다. 병원에서는 몇 달 남았네, 몇 년 남았네, 이 병은 낫는 병이 아니네, 상당히 어려운 상황에 놓였네 하며 매일같이 두려운 말만 하고 있습니다.

그러나 주님께서 나를 장수하게 하겠다고 약속하셨으니 제 마음속에서 담대함의 용기가 치솟아 오릅니다. 제 심장에서 치유의 불길이 뜨겁게 타올라 내 병을 다 태워 없애는 것 같습니다. 내가 만족할 만큼 나를 장수하게 하신다니 내가 이제 모든 시름을 잊고 주님 품 안에서 평안하게 숙면합니다. 불안한 마음은 숙면을 방해하지만 하나님으로 인해 영혼이 만족하고 육체가 나음을 입습니다.

[나의 구원을 그에게 보이리라 하시도다]
주님은 죄악으로 물든 사람들을 구원하시고자 선지자들을 보내시고 제사장들을 보내시고 율법을 주셨습니다. 그리고 예수님까지 보내 주셔서 십자가에서 내 죄를 다 사해 주셨습니다.

내가 주님의 도우심으로 인하여 구원을 얻습니다. 내 영혼이 죄인에서 의인으로 구원을 얻고, 내 육체가 절망에서 희망으로 구원을 얻습니다. 영육 간에 회복함으로 인해 주님의 구원하심이 나에게 임했습니다. 나의 구원자 되시는 주님을 찬양합니다.

16일

사망에서 건지시며 살리시는도다

(시 33:18-19) 여호와는 그를 경외하는 자 곧 그의 인자하심을
바라는 자를 살피사 그들의 영혼을 사망에서 건지시며 그들이
굶주릴 때에 그들을 살리시는도다

시편 33편 12절에서 "여호와를 자기 하나님으로 삼은 백성은 복이
있다."라고 말씀하십니다. 여호와께서 사랑하는 자기 백성들을 하늘
에서 굽어보사 모든 인생의 생사화복을 보살피십니다. 주님을 의뢰하
고 주님께 자기 영혼을 맡긴 자에게 주님의 보호하심으로 사망도 굶주
림도 벗어날 수 있습니다.

[여호와는 그를 경외하는 자 곧 그의 인자하심을 바라는 자를 살피사]
나의 주 나의 하나님 아버지시여. 내가 병중에 주님의 인자하신 눈
길을 바라나이다. 주님의 인자하신 손길을 붙잡기 원하나이다. 한 치
앞도 내다볼 수 없을 만큼 내 병이 중하고 괴롭습니다.
하지만 여호와를 하나님으로 모시고 주님을 경외하는 자들은 주님
의 보살피심을 받는 특권을 주시니 감사합니다. 주님의 보살피심 아래

내가 위안을 얻고 새 힘을 얻습니다.

[그들의 영혼을 사망에서 건지시며 그들이 굶주릴 때에 그들을 살리시는도다]

사람은 중병이라는 의사의 선고를 듣거나 암이라는 말을 들을 때에 이미 죽음의 두려움 가운데 넋이 나가게 됩니다. 공포와 불안이 엄습하여 극심한 고통을 받습니다.

하지만 하나님께서 내 영혼을 사망에서 건지신다는 확실한 약속의 말씀으로 인해 내 두려움이 사라지게 됨을 감사드립니다. 사망에서 나를 살리시는 주님. 사망의 올무에서 나를 건지시는 주님. 주님의 약속은 변함이 없으시고 주님은 택한 자를 결코 놓지 않으시는 하나님이심을 알고 있습니다.

병에 얽매여 밥 한 톨도 목구멍을 넘어가지 못하고, 숨도 못 쉴 지경으로 고통 받는 나에게 사망에서 건지시고 살리시겠다는 약속의 말씀이 내 몸을 치료하는 양약이 됩니다.

주님! 어찌 이리도 섬세하게 나를 향한 치유의 말씀을 이미 수천 년 전에 기록해 놓으셨습니까? 사망에서 나를 건지시는 주님께 감사와 영광의 기도를 올려 드리옵나이다.

말씀에 반응하는 **40일 치유기도 훈련**

17일

살게 하시리니

(시 41:2-3) 여호와께서 그를 지키사 살게 하시리니 그가 이 세상에서 복을 받을 것이라 주여 그를 그 원수들의 뜻에 맡기지 마소서 여호와께서 그를 병상에서 붙드시고 그가 누워 있을 때마다 그의 병을 고쳐 주시나이다

[여호와께서 그를 지키사 살게 하시리니]

할렐루야! 여호와 하나님께서 나를 살게 해 주신다는 말씀을 주시니 감사합니다. 죽고 사는 것은 하나님께 달렸는데 이제 제가 주님의 말씀을 믿음으로 받습니다. 나를 살리신 하나님을 찬양합니다.

[그가 이 세상에서 복을 받을 것이라]

내가 원하는 복이 무엇입니까? 내가 원하는 복은 오직 지금의 병에서 치유받는 것입니다. 수많은 돈이 나를 치유하지 못합니다. 세상의 권력이 나를 고치지 못합니다. 명예도 내 치유에는 아무 도움이 되지 않습니다. 오직 여호와의 능력만이 나를 살리고 회복하게 합니다. 내가 받을 복은 오직 여호와께서 나를 살리사 건강을 얻는 것입니다. 주

님이 복을 받게 하신다고 하시니 내 영혼이 기뻐 춤을 춥니다.

[주여 그를 그 원수들의 뜻에 맡기지 마소서]

원수들이 원하는 것은 파괴요 멸망이요 죽음입니다. 나를 원수들의 뜻에 맡기지 마시고 오직 여호와 하나님의 긍휼하심에 맡기소서. 내가 주의 인자하심과 선하심에 나를 의탁합니다. 원수들의 손에서 나를 건지실 하나님을 찬양합니다.

[여호와께서 그를 병상에서 붙드시고]

아무리 강건하던 사람도 환자복을 갈아입고 병상에 누우면 마음이 괴롭고 심란합니다. 병상에서는 마음이 약해지고 두려움이 엄습합니다. 내가 언제 걸어서 이 병실을 나갈까 답답한 마음이 듭니다.

하지만 여호와께서 나를 병상에서 붙드시니 내가 평안함을 얻습니다. 내가 내 영혼을 소생시키시며 의의 길로 인도하실 하나님을 더욱더 붙듭니다. 내가 사망의 음침한 골짜기로 다닐지라도 주께서 나와 함께하시기 때문에 내가 두려워하지 않습니다.

여호와 하나님. 불현듯 엄습하는 병상의 어둠에서 나를 건져 주시고 나를 돌보소서. 내가 주의 날개 아래에 피하나이다.

[그가 누워 있을 때마다 그의 병을 고쳐 주시나이다]

병상에서 누워 있는 시간들은 나를 힘들게 합니다. 부정적인 이야기들이 들려옵니다. 하지만 내가 두려워하지 않을 것은 주님의 말씀이 내 병을 고쳐 주신다 하시기 때문입니다. 마음의 괴로움은 병을 더 가중시키나 마음의 즐거움은 양약이라고 하셨으니 내가 주님의 치유만을 생각합니다. 내 병을 고쳐 주시겠다고 말씀하시는 하나님. 주님의 말씀은 내 몸을 고치고 살리시는 양약입니다.

18일

나를 치료하시며 살려 주옵소서

(사 38:16-17) 주여 사람이 사는 것이 이에 있고 내 심령의 생명도 온전히 거기에 있사오니 원하건대 나를 치료하시며 나를 살려 주옵소서 보옵소서 내게 큰 고통을 더하신 것은 내게 평안을 주려 하심이라 주께서 내 영혼을 사랑하사 멸망의 구덩이에서 건지셨고 내 모든 죄를 주의 등 뒤에 던지셨나이다

[주여 사람이 사는 것이 이에 있고 내 심령의 생명도 온전히 거기에 있사오니]

사람이 살고 죽는 것은 의사의 말에 달려 있지 않고 오직 주의 손에 달려 있음을 고백합니다. 사람이 사는 것은 오직 주의 능력에 있습니다. 내 생명도 온전히 주님께 속해 있습니다. 심령이 무너지면 그 어떤 약이나 수술도 그를 살리지 못합니다. 하지만 내가 든든한 반석같이 흔들리지 아니함은 내 생명이 온전히 하나님의 손에 있음을 믿기 때문입니다.

[원하건대 나를 치료하시며 나를 살려 주옵소서]

주님은 언제나 나를 사랑하시고 보호하시며 살려 주시는 분이심을

믿습니다. 내가 주님으로 인해 치료함을 받아 살게 됨을 인하여 감사합니다. 여호와 라파의 하나님! 주님은 내 상처를 싸매시고 내 병든 몸을 십자가의 피 묻은 손으로 씻겨 주십니다. 나를 치료하시어 내가 병상에서 떨쳐 일어나 독수리 날개 치듯이 날아오릅니다.

[보옵소서 내게 큰 고통을 더하신 것은 내게 평안을 주려 하심이라]

내가 지금 큰 고통 가운데 있으나 이 아픔으로 인해 더더욱 주님께 매달립니다. 더더욱 강하게 주님 손에 붙들립니다. 온전히 주님만을 의지하는 계기가 되어 내 마음은 평안을 얻습니다. 주님께서 주시는 마음은 재앙이 아니요 평안이니 내가 더 이상 두려워하지 않습니다. 모든 지각에 뛰어난 하나님의 평강이 내 마음과 생각을 지키기에 병의 염려에서 놓여 평안할 수 있습니다.

[주께서 내 영혼을 사랑하사 멸망의 구덩이에서 건지셨고]

병이든 사망이든 주님께서 나를 멸망의 구덩이에서 건지십니다. 아니, 성경은 이미 '건지셨다'라고 과거형으로 말합니다. 주님께서 나를 건지신 이유가 무엇입니까? 오로지 내 영혼을 사랑하시기 때문입니다. 오 주여. 내가 무엇이기에 나를 이렇게 사랑하십니까. 내가 가난하든 부유하든, 병들든 건강하든 언제나 주님은 내 영혼을 사랑하사 모든 멸망의 구덩이에서 나를 건지심으로 인해 감사드립니다.

[내 모든 죄를 주의 등 뒤에 던지셨나이다]

  병상에서 내 죄를 기억하게 하시사 회개의 영을 부어 주소서. 내가 죄를 고백할 때 내 모든 죄가 주님의 등 뒤로 던져짐을 받습니다. 이제 주님께서 내 죄를 사하시고 나를 더 이상 죄인이라 부르지 않고 사랑하는 자라 불러 주심을 믿습니다. 내 죄로 인해 내가 병이 들고, 내 죄로 인해 내가 고통 가운데 있었습니다. 그러나 주님은 진심으로 회개하는 자에게는 그 죄를 기억도 아니한다 하시니 감사합니다. 내가 죄에서 놓여 정결한 마음이 되었습니다. 영혼의 깨끗함으로 인해 육체의 깨끗함도 얻게 될 것을 믿습니다. 주님 감사합니다.

19일

너희를 치료하는 여호와임이라

(출 15:26) 이르시되 너희가 너희 하나님 나 여호와의 말을
들어 순종하고 내가 보기에 의를 행하며 내 계명에 귀를
기울이며 내 모든 규례를 지키면 내가 애굽 사람에게 내린
모든 질병 중 하나도 너희에게 내리지 아니하리니
나는 너희를 치료하는 여호와임이라

[이르시되 너희가 너희 하나님 나 여호와의 말을 들어 순종하고 내가 보기에 의를 행하며 내 계명에 귀를 기울이며 내 모든 규례를 지키면]

하나님께서 인생들에게 말씀하십니다.

"여호와의 말에 순종하고 여호와 보시기에 의롭게 행하며 귀를 기울이며 살고 모든 규례를 지키라!"

우리가 지켜 순종할 때 하나님은 우리에게 선한 상 주시는 분이심을 믿습니다. 비록 내 믿음이 부족하고 내 육신이 연약하여 그동안 잘 지키고 살지를 못했지만 다시 한번 회개하며 고백합니다. 주여, 나를

불쌍히 여기사 연약한 믿음을 강건케 하시고 주의 규례를 잘 지키게 하소서.

[내가 애굽 사람에게 내린 모든 질병 중 하나도 너희에게 내리지 아니하리니 나는 너희를 치료하는 여호와임이라]

하나님은 순종하고 규례를 지키는 자에게는 애굽 사람에게 내렸던 모든 질병 중 하나라도 다시 내리지 않으신다고 말씀하십니다. 오 주여! 주님으로 인해 내가 이 질병에서 해방됨을 믿습니다. 내가 가진 암에서 놓여날 것을 믿습니다.

나는 주의 종이요 주의 백성입니다. 내가 극심한 병중에 놓여 있사오니 치료하시는 여호와께서 나를 불쌍히 여기사 고쳐 주시옵소서. 회복케 하여 주시옵소서.

애굽의 열 가지 재앙을 통해 애굽인들이 믿고 있던 우상들을 멸하신 하나님. 그동안 내 속에 자리 잡고 있는 우상들이 있음을 회개합니다. 돈, 명예, 지위, 쾌락, 심지어 자녀조차도 하나님보다 더 사랑한 내 우상이었음을 고백합니다.

이제 내가 주 앞에 겸허히 무릎을 꿇습니다. 애굽인에게 내린 질병 중 하나도 주의 백성에게는 내리지 않으시겠다는 하나님의 언약의 말씀이 나에게도 임하여 주시옵소서. 치료하시는 하나님으로 인해 내가 새 힘을 얻고 강건함을 회복합니다.

주님 감사합니다. 치유의 근원되시는 하나님 아버지를 경배합니다.

20일

예수를 살리신 영이 거하시면

(롬 8:11) 예수를 죽은 자 가운데서 살리신 이의 영이 너희 안에 거하시면 그리스도 예수를 죽은 자 가운데서 살리신 이가 너희 안에 거하시는 그의 영으로 말미암아 너희 죽을 몸도 살리시리라

[예수를 죽은 자 가운데서 살리신 이의 영이 너희 안에 거하시면]

하나님 감사합니다. 예수님을 죽은 자 가운데서 살리신 하나님. 세상 어느 누구도 다른 사람을 죽음에서 살릴 수는 없으나 오직 하나님의 능력만이 그 일을 이루실 수 있습니다. 그 하나님의 영이 내 속에 거하기를 소원합니다. 하나님의 전지전능하심과 능력을 믿사옵나이다.

[그리스도 예수를 죽은 자 가운데서 살리신 이가]

죽은 자 가운데서 살리시는 하나님. 병든 자를 고치시는 하나님. 죽어 가는 자를 낫게 하시는 하나님. 절망 가운데 놓인 사람들을 회복시키시는 하나님. 그 하나님이 나의 하나님이십니다. 그리하여 내가 어떠한 상황과 절망 가운데 놓여 있더라도 살아날 수 있음을 믿습니다.

[너희 안에 거하시는 그의 영으로 말미암아]

아멘. 감사합니다 주님. 주님의 영이 내 안에 거하시니 내가 위로와 평강을 얻습니다. 독수리 날개 치며 올라가는 새 힘을 얻습니다. 외양간에서 나온 송아지같이 뛰어다니는 강건함을 얻습니다. 이 모든 것은 내 안에 거하시는 하나님의 영으로 말미암아 가능함을 믿습니다.

[너희 죽을 몸도 살리시리라]

아멘. 믿습니다. 주님. 주님의 말씀은 한 절, 한 획도 틀림이 없음을 믿습니다. 주님께서 내 죽을 몸도 살리신다고 하셨으니 그래도 이루어질 줄 믿습니다.

지금 아무리 세상 의학에서 불가능하다고 말을 해도 좌절하지 않습니다. 쉽지 않은 상태라고 말해도 나는 그 말에 흔들리지 않습니다. 하나님께서 죽을 몸도 살리신다고 하셨으니 성령의 음성을 듣고 그 가르침에 전적으로 의지합니다.

내가 주님을 믿고 의지할 때 내 죽을 몸도 살리시는 주님을 경험합니다.

치유 간증 2

〈치유의 과정은 사람마다 다르다〉

> *그렉 모어 목사와 그의 아들 마이클이 병에서 치유받은 과정이 다름을 통해, 하나님의 일하심은 다양한 방법으로 임할 수 있음을 알 수 있다.

그렉 모어 목사의 "치유의 문이 열리는 12가지 비결"에 나오는 간증입니다.

나는 1977년 7월, 목에서 암 종양 제거수술을 받았다. 수술이 끝난 후 주치의는 "수술은 받았지만 갑상선과 후두를 포함하여 더 많은 수술이 필요하다."라고 말했다. 그 진단은 나와 아내 제니스에게 공포감을 주었다. 수술 전에도 치유를 위해 기도했지만 수술 후에도 여전히 암이 여기저기 남아 있다는 말에 우리 부부는 더 강력하게 주님께 기도했다.

어느 날 기도하는 중에 주님께서 구체적인 지시를 내려 주셨다. "치유를 받기 위해서 세 사람이 그렉 모어 목사를 위해 중보기도해야 한다."는 것이었다. 그래서 나는 세 명의 강력한 중보기도자들에게 연락해서 치유를 부탁했다.

치유기도를 받은 후 나는 텍사스 휴스턴의 병원으로 검사를 받으러 갔다. 3일간 검사한 후에 의사들은 내 몸에서 암을 전혀 발견하지 못했다. 분명히 갑상선과 후두와 여러 군데 암이 있다고 했는데 의사들은 암이 사라진 이유를 발견하지 못했다. 나는 그 후 45년이 지난 오늘날(2022년)까지 강력하게 복음을 전하고 치유 사역을 해 나가고 있다.

내가 암에서 치유된 1년 후인 1978년, 이번에는 15개월 된 아들 마이클이 소아 근육 관절염을 앓게 되었다. 마이클은 15개월이 될 동안 기어다니지도 못했고 고개를 돌릴 수조차 없었다. 의사들은 마이클이 걷지도 못하고 10살을 넘기지 못할 것이라고 했다.

우리 부부는 낙심이 되었지만 다시 하나님께 기도하며 하나님의 응답을 구했다. 그런데 이번에는 중보기도 받으라는 응답 대신에 '부모가 오직 주의 말씀으로 치유함을 믿고 매일 마이클을 향해 선포하라.'는 마음을 받았다.

그래서 우리 부부는 치유의 말씀 70구절을 아들을 향해 매일 선포했다. 녹음을 해서 아들의 귀에 하루 종일 들려주었다. 처음에는 아무 변

화도 없는 것 같았지만 3개월이 지나자 마이클은 기어다니기 시작했고, 또 3개월이 지나자 마이클은 처음으로 걸었다! 병원에서는 걷지도 못할 것이라고 했지만 아들 마이클은 21개월이 되어서 걷게 되었던 것이다.

이 두 가지 치유의 경험을 하면서 나는 '사람마다 치유의 방법이 각각 다르다.'는 것을 경험했다. 누군가는 병원 치료를 통해 낫는다. 누군가는 중보기도의 힘으로 낫기도 한다. 누군가는 치유 구절을 녹음해서 반복해서 듣고 선포함으로 낫는다. 대부분의 사람들은 병원 치료와 중보기도와 말씀 선포를 함께함으로 낫게 된다.

그리고 사람마다 치유의 속도도 다르다. 나 자신은 기도하고 곧바로 응답을 받았지만, 아들 마이클은 점진적으로 6개월에 걸쳐서 치유를 받게 되었다. 이처럼 하나님의 일하심은 여러 가지 방법으로 임하시지만 그를 의지하고 그의 말씀을 믿는 사람이면 누구에게나 임하신다.

그렉 모어는 처음 암이 발생한 지 45년이 지난 지금도 힐링도어 미니스트리 사역을 하며 건강하게 치유의 복음을 전파하고 있다.

(마 4:23) 예수께서 온 갈릴리에 두루 다니사 그들의 회당에서 가르치시며 천국 복음을 전파하시며 백성 중의 모든 병과 모든 약한 것을 고치시니

21일

잠을 주시는도다

(시 127:1-2) 여호와께서 집을 세우지 아니하시면 세우는 자의 수고가 헛되며 여호와께서 성을 지키지 아니하시면 파수꾼의 깨어 있음이 헛되도다 너희가 일찍이 일어나고 늦게 누우며 수고의 떡을 먹음이 헛되도다 그러므로 여호와께서 그의 사랑하시는 자에게는 잠을 주시는도다

[여호와께서 집을 세우지 아니하시면 세우는 자의 수고가 헛되며]

맞습니다. 주님. 여호와께서 집을 세우지 아니하시면 내 수고는 헛된 것인데 지금껏 내가 애쓰고 내가 수고하여 결과를 얻으려고 무던히도 애썼습니다. 모든 수고를 했으나 여전히 경제적으로 자립을 이루지 못하고, 가정의 크고 작은 어려움도 있음을 고백합니다.

이제는 헛된 내 수고에 의지하지 않고 오직 여호와가 주인 되는 집을 세우겠습니다. 내 육체의 집도 하나님의 말씀으로 세우겠습니다.

[여호와께서 성을 지키지 아니하시면 파수꾼의 깨어 있음이 헛되도다]

모래 위에 성을 아무리 수고해서 쌓은들 그 성이 튼튼하지는 않습니

다. 든든한 반석 위에 성을 세워야 무너지지 않습니다.

아무리 파수꾼이 깨어 성을 지키려고 해도 몰려드는 적군을 파수꾼 혼자로서는 막을 수 없습니다. 여호와께서 지켜 주셔야 적군의 손에서 보호함을 받습니다. 내 병도 여호와께서 지켜 주실 때 치유를 얻을 것입니다.

[너희가 일찍이 일어나고 늦게 누우며 수고의 떡을 먹음이 헛되도다]

일찍 일어나고 늦게 자며 하루 종일 열심히 일했지만 마음의 평강이 없었습니다. 늘 불안하고 쫓기고 잘못되면 어떻게 하나 하는 심정뿐이었습니다. 한순간에 집값이 천정부지로 뛰어 내 노력으로는 집을 살 수 없고, 또 힘들여 집을 샀으나 이자도 오르고 집값이 폭락하기도 했습니다. 이 모든 과정에 불안하고 잠을 잘 수가 없습니다. 헛되고 헛되니 모든 것이 헛되다는 솔로몬의 말처럼 내 수고와 노력이 헛된 것은 아닌지 두렵습니다.

[여호와께서 그의 사랑하시는 자에게는 잠을 주시는도다]

그러나 여호와께서는 사랑하시는 자에게 평강의 복을 주시고 평안한 마음을 주사 쉽게 숙면을 취하게 해 주십니다. 지금 불면증에 시달리는 원인이 내 욕심과 아집을 내려놓지 않음임을 알게 되었습니다. 내가 원하는 대로 세상 일이 되지 않아서 불면증에 시달립니다.

하나님. 나에게서 불면의 밤을 거두어 가시고 숙면의 밤을 허락하소서. 하나님께서 나를 사랑하시는 줄 알기에 나는 이제 깊이 자고 깰 것입니다. 내가 고민한다고 병이 낫지 않습니다. 내가 걱정한다고 암이 물러가지 않습니다. 오직 여호와를 의지하고 모든 염려를 맡길 때에야 평강의 잠을 잘 수 있습니다. 주님은 나를 사랑하시기에 오늘도 평안히 숙면합니다.

22일

아무것도 염려하지 말고

(빌 4:6-7) 아무 것도 염려하지 말고 다만 모든 일에 기도와
간구로, 너희 구할 것을 감사함으로 하나님께 아뢰라 그리하면
모든 지각에 뛰어난 하나님의 평강이 그리스도 예수 안에서
너희 마음과 생각을 지키시리라

[아무 것도 염려하지 말고 다만 모든 일에 기도와 간구로 너희 구할 것을 감사함으로 하나님께 아뢰라]

암 환자는 하루 24시간 내내 암에 대한 염려로 가득 차 있습니다. 떠올리기 싫어도 눈을 뜨고 있는 모든 순간에 암이 머리에서 떠나질 않습니다.

머릿속에 무엇을 가장 많이 생각하느냐에 따라 인생의 방향이 달라집니다. 지금 병으로 인해 나에게 들려오는 말들은 온통 염려와 걱정뿐이지만 염려할 시간에 기도하겠습니다. 걱정할 시간에 하나님께 간구를 올리겠습니다. 이제는 염려와 걱정으로 내 마음을 괴롭히지 않겠습니다. 오직 기도와 간구로 하나님 안에서 평강을 얻겠습니다.

[그리하면 모든 지각에 뛰어난 하나님의 평강이 그리스도 예수 안에서 너희 마음과 생각을 지키시리라]

하나님은 모든 지각에 뛰어나신 분이십니다. 내가 병을 인식하고 지각하고 염려하고 걱정하는 것은 아무 쓸모없는 일입니다. 염려가 내 병을 한 치라도 덜어 주지 못합니다. 그러므로 나는 내 머릿속을 염려로 채우지 말고 모든 지각에 뛰어난 하나님이 주시는 평강으로 채웁니다. 내 마음과 생각은 온통 하나님의 자비하심만을 생각합니다. 하나님이 나를 도우신다는 든든한 확신 가운데 거할 때 나는 평강을 누립니다.

23일

사람의 심령은 병을 능히 이기려니와

(잠 18:14) 사람의 심령은 그의 병을 능히 이기려니와
심령이 상하면 그것을 누가 일으키겠느냐

마음의 번뇌는 잠이 들지 못하게 합니다. 불면증으로 쉽게 잠이 들지 못하는 현대인들이 많습니다. 수면제나 더 강한 약의 도움을 받아야 겨우 잠이 드는 사람들도 있습니다. 하지만 주님의 치유를 신뢰하는 마음을 가지면 심령의 평안함으로 불면증도 이길 수 있고 또 다른 병에서 헤어나와 강건함을 입을 수 있습니다.

[사람의 심령은 그의 병을 능히 이기려니와]
우리 민족은 한을 가진 민족이라고 합니다. 마음속에 응어리진 미움과 원망과 다툼과 괴로움으로 인해 심령이 상한 사람들이 많습니다. 더욱이 암에 걸렸을 때 '내가 왜 암에 걸려야 하나?'라는 분노와 '이 무서운 암을 어떻게 이기나?' 하는 공포로 인해 심령이 무너지게 됩니다. '내가 죄가 많아서 암에 걸렸나?' 하는 죄책감이 나를 짓누릅니다.

하나님. 내 무너진 심령을 바로잡아 주시옵소서. 내 심령을 붙들어

주시옵소서. 주님께서 나와 동행하시고 나를 낫게 해주신다는 것을 믿을 때 내 심령은 강하고 회복될 수 있습니다. 내가 강해서 낫는 것이 아니라 하나님께서 강하시기 때문에 제가 나음을 받습니다.

[심령이 상하면 그것을 누가 일으키겠느냐]
암에 걸려 중보기도해 달라고 찾아오는 분들을 상담하다 보면 배우자에 대한 원망과 분노가 있는 경우가 많았습니다. 원망과 분노로 스스로 괴로워하고 배우자를 미워하고 그 괴로움 속에 수십 년간 속을 끓이다 보면 암 아니라 어떤 병이라도 생기지 않겠습니까?

심령이 상하면 일어설 수 없습니다. 내가 살기 위해서라도 상한 심령과 미움의 마음을 버려야 합니다. 그 사람이 좋아서가 아니라 내가 살기 위해서입니다. 내가 살아야 복수라도 할 것 아닙니까? 그러나 살기 위해 상한 심령을 일으키다 보면, 몸도 살고 암도 이겨 내고 또 덤으로 원수를 사랑하는 마음까지도 얻게 됩니다. 하나님은 살리는 영이요 죽이는 영이 아닙니다. 죽이는 영은 오직 사탄 마귀입니다.

하나님. 나에게 사랑하는 마음을 주소서. 미워하는 마음이 있으면 주님의 긍휼로 녹여 주시고, 미움이 녹을 때 내 온몸의 암 덩어리들도 다 녹게 하옵소서. 심령이 상하면 아무도 일으킬 수 없기에 나는 이제부터 미움을 버리겠습니다. 약함을 버리겠습니다. 두려움과 공포를 버리겠습니다. 오직 능히 이길 수 있는 심령의 강인함을 붙잡겠습니다. 하나님 나와 함께하여 주시옵소서.

말씀에 반응하는 40일 치유기도 훈련

24일

내가 평안히 눕고 자기도 하리니

(시 4:8) 내가 평안히 눕고 자기도 하리니
나를 안전히 살게 하시는 이는 오직 여호와이시니이다

[내가 평안히 눕고 자기도 하리니]

사울의 군대가 다윗을 잡으러 오고, 주변 나라들이 몰려온다고 할지라도 다윗은 여호와를 의지함으로 평안히 눕고 잠을 잤습니다. 불안한 상황 가운데서도 평안할 수 있는 것은 나를 안전히 보호하시는 여호와를 믿는 믿음으로 가능한 것입니다. 천만인이 나를 에워 진 친다 하여도 나는 두려워하지 아니하리이다(시 3:6). 다윗은 하나님을 절대적으로 신뢰함으로 평안한 잠을 이룰 수 있었습니다. 나도 주님의 보호하심 아래 평안히 눕고 쉽게 숙면합니다. 마음이 요동치고 흔들리면 불면증에 시달리지만 주님이 나와 함께 하신다는 믿음이 나를 잠들게 합니다. 여호와께서는 사랑하는 자에게 잠을 주시니 내가 오늘도 감사함으로 잠자리에 듭니다.

[나를 안전히 살게 하시는 이는 오직 여호와이시니이다]

지금 암으로 고통당하고 계십니까? 수술을 앞두고 불안하고 떨리십니까? 죽을지도 모르는 공포감에 사로잡혀 있습니까?

하지만 두려워하지 마십시오. 하나님은 사랑하시는 자를 모른 체 내버려 두지 않습니다. 나를 안전하게 보호하시는 분, 그 여호와를 내가 모시고 살기에 오늘도 하나님을 신뢰함으로 평안히 눕고 평안히 잠을 잡니다. 나는 하나님 안에서 안전하게 보호됩니다.

주님 고맙습니다. 내가 주님으로 인해 안전합니다. 나를 살게 하시는 이는 오직 여호와의 능력과 권세임을 고백합니다. 여호와의 능력 아래 모든 것이 합력하여 선을 이룰 것입니다. 나는 나와 함께하시는 여호와로 인해 안전히 살아 장수할 것입니다. 나를 살리실 하나님께 감사의 기도를 드립니다.

25일

아담을 깊이 잠들게 하심

(창 2:21) 여호와 하나님이 아담을 깊이 잠들게 하시니 잠들매
그가 그 갈빗대 하나를 취하고 살로 대신 채우시고

[여호와 하나님이 아담을 깊이 잠들게 하시니 잠들매]

잠은 우리에게 휴식을 줍니다. 잠은 우리에게 회복을 줍니다. 그로 인해 잠은 우리에게 새 힘을 줍니다. 주님. 내가 지금 두려워서 잠을 잘 수가 없습니다. 잠깐 눈을 붙였다가도 금세 또 깨고 나서 암이 주는 공포 가운데 괴로워합니다. 예전에는 베개에 머리만 대면 곧바로 잠에 골아 떨어졌는데 지금은 잠들기가 힘이 듭니다. 잠잘 수 있다는 것이 얼마나 큰 은혜인지 알게 되었습니다.

하나님이 우리에게 주시는 마음은 두려움이 아니고 평안임을 믿습니다. 하나님을 굳게 의지하고 오늘도 평안히 잠자리에 들겠습니다. 곧바로 숙면할 수 있는 은혜를 주시옵소서. 짧은 시간을 자더라도 푹 자도록 도와주소서.

[그가 그 갈빗대 하나를 취하고 살로 대신 채우시고]

아담을 깊이 잠들게 하고 생명 창조라는 큰일을 이루신 하나님. 저에게도 깊이 잠들 수 있도록 은혜 베풀어 주시옵소서. 잠을 통해 몸이 회복되고 한숨 잘 자고 일어나서 거뜬한 몸과 마음으로 암과 싸우게 하소서. 그리하여 암을 이겨내고 하나님이 치유해 주심을 찬양하게 하소서. 나의 회복을 통해 다른 사람들도 암투병 중에도 회복될 수 있다는 믿음을 갖게 하소서.

내가 병을 이기고 회복하는 과정이 누군가의 믿음을 세워주고 영원한 생명을 얻게 하는 도구로 사용하여 주시니 감사합니다. 그 놀랍고 큰일을 이루실 주님을 믿습니다. 오늘도 숙면하겠습니다. 꿈에 주님 만나고 싶습니다. 주님. 저를 만나 주시옵소서.

26일

하나님께서 우리에게 주신 것은

(딤후 1:7) 하나님이 우리에게 주신 것은 두려워하는 마음이
아니요 오직 능력과 사랑과 절제하는 마음이니

[하나님이 우리에게 주신 것은 두려워하는 마음이 아니요]

암에 걸리면 누구나 두렵습니다. 누구나 공포스럽습니다. 누구나 마음이 무너집니다. 하지만 어떠한 상황 속에서도 하나님이 원하시는 것은 두려워하는 마음이 아닙니다. 마귀는 우리를 두렵게 하고 공포를 주고 마음이 무너지게 합니다. 그러나 하나님이 원하시는 것은 평강입니다. 화평입니다. 어둠이 아니라 빛이요 두려움이 아니라 담대함입니다. 나는 하나님이 주신 강건함으로 두려움을 이겨 냅니다. 주여. 부지불식간에 들어오는 공포와 불안에서 막아 주시고 두려움 없는 든든한 마음을 허락하여 주시옵소서.

[오직 능력과 사랑과 절제하는 마음이니]

온 우주를 창조하시고 지금도 섭리하는 전지전능하신 하나님. 세상은 기적이라고 부르는 것도 하나님의 손에 붙들리면 아무것도 아닙니다.

하나님은 사랑이십니다. 아무 조건 없이 나를 선택하시고 주의 백성 삼으시고 영생을 주신 하나님이십니다. 내가 주님의 능력과 사랑에 힘입어 담대함을 얻습니다.

오 주여. 주님은 나에게 어떤 분이십니까. 나를 모태에서 잉태되기도 전에 아시고 나를 지금까지 보호하시사 선한 길로 인도하시는 분이심을 내가 아오니 주님의 능력의 팔로 나를 붙드시사 주님의 권세를 내가 누리게 하소서. 주님으로 인하여 나는 살아납니다. 나를 사랑하시는 주님으로 인하여 내가 암에서 완전한 회복을 얻습니다. 감사합니다. 나의 아버지시여.

27일

사랑하는 자여

(요삼 1:2) 사랑하는 자여 네 영혼이 잘됨 같이
네가 범사에 잘되고 강건하기를 내가 간구하노라

[사랑하는 자여]

하나님 아버지. 내가 그동안 너무 외로웠습니다. 내가 그동안 너무 무서웠습니다. 다들 나를 위로해 주고 기도해 주지만 내 깊은 아픔은 나밖에 모릅니다. 암이 가져다주는 통증과 고통은 남들이 알 수가 없기에 너무나 외롭고 슬펐습니다. 하염없이 흐르는 눈물로 내 베개가 젖고 내 마음이 찢어졌습니다.

하지만 오늘 이 보잘것없는 나를, 이 병든 나를 '사랑하는 자여'라고 불러 주시는 하나님. 감사합니다. 나는 아무것도 주님께 드린 것 없고, 주님 보시기에 부족한 자인데 무조건적으로 나를 택하시고 '사랑하는 자'라고 인 쳐 주시니 감사합니다. 그 무한하신 사랑으로 나의 형편과 처지와는 상관없이 내가 힘을 얻습니다. 내가 병에만 집중하는 내 마음을 이제 나를 사랑하시는 하나님께로 돌립니다. 주님의 사랑으로 내가 버티고 견디고 이겨 냅니다.

[네 영혼이 잘됨 같이 네가 범사에 잘되고 강건하기를 내가 간구하노라]

나는 내가 나를 가장 사랑하고, 내가 잘되는 것을 내가 가장 원한다고 생각했습니다. 그러나 하나님께서 나를 가장 사랑하시고, 내 영혼이 잘됨까지도 하나님이 언제나 원하신다는 것을 알게 해 주시니 감사합니다.

하나님으로 인해 내가 하는 일마다 잘되고, 또한 육체도 강건할 것입니다. 왜냐하면 하나님께서 내가 영혼뿐만 아니라 육체도 강건하기를 원하시기 때문입니다. 그리하여 내가 불안과 염려 없이 평안한 잠을 자므로 육체는 날이 갈수록 강건해지고 범사에 잘되고 잘될 것입니다. 영혼육은 떨어질 수 없는 하나입니다. 내 영혼이 잘됨 같이 내 육체도 강건합니다. 내 영혼육의 강건함을 위해서 주님께서 간구하신다는데 무엇이 두렵고 무엇이 걱정됩니까. 나를 사랑하시는 아버지여. 감사합니다. 사랑합니다.

28일

내가 누워 자고 깨었으니

(시 3:5-6) 내가 누워 자고 깨었으니 여호와께서
나를 붙드심이로다 천만인이 나를 에워싸 진 친다 하여도
나는 두려워하지 아니하리이다

[내가 누워 자고 깨었으니 여호와께서 나를 붙드심이로다]

암 환자가 겪는 가장 어려움 중의 하나는 불면증입니다. 잠을 자려고 누워도 어둠의 영이 사로잡아 잠이 들지를 않습니다. 불안감은 24시간 머리에서 떠나지를 않습니다. 하지만 여호와께서 나를 붙드신다는 말씀에 위로를 받습니다.

여호와는 능력이시고 여호와는 산성이시고 여호와는 나의 힘이십니다. 내가 여호께 붙들렸으니 나는 평안히 누워 자고 아침이 오면 맑고 상쾌하게 깨어날 것입니다. 설령 지금 수술실로 들어가는 상황이라 할지라도 염려하지 마십시오. 한숨 잘 자고 일어나면 모든 것은 다 깨끗이 끝나 있을 것입니다. 오늘도 나를 평안히 누워 자게 하시는 하나님을 찬양합니다.

[천만인이 나를 에워싸 진 친다 하여도 나는 두려워하지 아니하리이다]

다윗은 사울의 군대와 주변 나라들의 군대와 심지어 아들 압살롬의 군사로 둘러싸인 인생을 살았습니다. 하지만 다윗은 자기를 에워싼 적 군들에게 지지 않았습니다. 두려워하지 않았습니다.

사람은 눈앞에 보이는 상황에 따라 마음이 흔들리고 무너집니다. 내 앞에 놓인 병이나 경제적인 어려움이나 넘지 못할 산처럼 보이는 상황들은 두려움을 줍니다. 가정이 무너지기도 하고 사랑하는 사람이 암 선고를 받는 무시무시한 일들이 벌어집니다.

하지만 천만인이 나를 에워싸도, 아무리 어려운 일들이 내 마음을 힘들게 해도, 나는 결코 무너지지 않습니다. 사망에 네가 쏘는 것이 어디 있느냐. 나는 결코 너로 인해 두려워하지 않는다. 나를 붙드시는 여호와, 나를 살리시는 여호와를 의지하는 믿음으로 두려움 없이 일어섭니다.

29일

로뎀나무 아래에 누워 자더니

(왕상 19:5) 로뎀나무 아래에 누워 자더니 천사가 그를 어루만
지며 그에게 이르되 일어나서 먹으라 하는지라

[로뎀 나무 아래에 누워 자더니]

엘리야는 바알과 아세라 선지자 850명과의 싸움에서 이기고 하나님
의 승리를 맛보았습니다. 그러나 그렇게 대단한 일을 이룬 엘리야도
이세벨이 자신을 죽이겠다는 말 한마디에 벌벌 떨며 생명을 지키려고
도망갔습니다.

엘리야의 모습을 보면서 누구나 강하게 사역하다가도 한순간에 공
포의 나락으로 떨어질 수 있음을 봅니다. 주여, 제가 지금 공포의 나락
에 떨어졌습니다. 죽음이 나를 사로잡고 암의 고통이 나를 짓누릅니
다. 숨쉬기가 힘들 정도로 가슴이 답답합니다.

엘리야도 죽음의 위협 앞에서 차라리 지금 내 생명을 거두어 달라고
고통 가운데 부르짖었습니다. 하지만 엘리야는 기도하다가 주님이 주
신 잠으로 로뎀나무 아래에서 누워 잠을 잤습니다.

주님. 저에게도 엘리야의 숙면을 주소서. 생명의 위협에도, 암이 주

는 공포에도 주님의 절대적인 개입함으로 불면중이 사라지고 평안히 잠들게 하소서.

[천사가 그를 어루만지며 그에게 이르되 일어나서 먹으라 하는지라]

아! 너무나 은혜로운 구절입니다. "천사가 그를 어루만지며." 이 구절이 마치 저에게는 이렇게 들립니다.

"사랑하는 아들아. 사랑하는 딸아. 일어나라. 네가 고통 가운데 부르짖는 소리를 들었다. 평안히 잘 잤니? 이제 일어나라. 다시 회복하자. 내가 너를 평안히 숙면하게 했고 이제 너의 회복도 도와주겠다. 사랑하는 아들아. 사랑하는 내 딸아. 내가 너를 낫게 해 주겠다. 일어나라 일어나서 먹으라."

주님. 엘리야에게 천사를 보내사 회복케 하신 주님. 저에게도 그 음성 들려주시옵소서. 병에 걸리고 나서 무엇을 먹어도 맛이 없습니다. 입맛이 쓰고 의욕이 생기질 않습니다. 하나님께서 제 입맛을 돌아오게 하시고 잘 먹고 기운을 차려 잘 회복하게 하소서.

30일

마음의 즐거움은 양약이라도

(잠 17:22) 마음의 즐거움은 양약이라도 심령의 근심은
뼈를 마르게 하느니라

[마음의 즐거움은 양약이라도]

그렇습니다. 주님. 마음이 즐거운 것 그 자체가 우리 몸의 면역력을
높이고 하나님의 기쁨이 내 가슴에 있는 것 자체가 병을 회복시킵니다.

수만 가지 약을 먹어도 마음의 즐거움보다 못합니다. 내 속에 주님
이 주신 기쁨의 샘이 항상 샘솟게 하소서.

[심령의 근심은 뼈를 마르게 하느니라]

아무리 좋은 병원에서 아무리 좋은 치료를 받는다 하더라도 심령이
무너지면 약이 효력을 발휘하지 못합니다. 병원과 약이 나를 살리지
못합니다. 내 마음에 근심으로 두려워하면 내 뼈가 떨리고 내 뼈가 마
르고 내 심장이 녹아 버립니다. 하지만 하나님이 나를 자녀 삼으셨고
나를 눈동자같이 보호하신다는 믿음으로 내 심령의 근심이 물러가게
하옵소서. 나는 주님 안에서 든든한 마음으로 근심을 떨쳐 버립니다.
마음의 즐거움으로 내 영혼육을 채웁니다.

치유 간증 3

〈병을 바라보지 않는 믿음〉

존 비비어 목사는 한국은 물론, 세계적으로 잘 알려진 사역자이다. 그의 저서가 110개 언어로 번역되었고, 4천만 부 이상의 책이 전 세계에 배포되었다. 우리나라에도 그의 책이 두란노 등을 통해 30권 이상 번역되었다. 순종, 끈질김, 열정 등의 책이 있다.

《끈질김》이라는 책에 나오는 존 비비어의 간증입니다.

장모님은 35세 되던 1979년에 유방암 진단을 받았다. 의사는 암이 이미 림프절까지 퍼져서 완치가 불가능한 말기 암으로 오래 살 수 없다는 것이었다. 그녀는 유방의 30%를 절제하는 수술을 했다. 그러나 상황은 여전히 좋지 않았다.

그녀는 미국의 암병원에서 가장 유명하다는 휴스턴의 MD 앤더슨 병원의 종양학 분야 최고 권위자를 만나 자신의 상태를 정확하게 알기를 원했다. 그녀를 진찰한 의사는 말했다.

"항암 치료를 해도 약간의 생명을 연장하겠지만 그래도 오래 살지 못합니다."

절망적인 선포를 들은 그녀는 집으로 돌아와 매일 치유에 관한 책과 오디오 설교, 성경공부를 통해서 하나님의 말씀으로 가득 채웠다. 그녀는 하나님의 치유를 받을 것이라는 확신의 말을 계속해서 선포했다. '성경만 믿는다고 실제로 병이 낫느냐?'라는 주위의 의심에도 불구하고 끈질긴 치유의 믿음을 유지했다.

(마 8:14-15) 예수께서 베드로의 집에 들어가사 그의 장모가
열병으로 앓아 누운 것을 보시고 그의 손을 만지시니
열병이 떠나가고 여인이 일어나서 예수께 수종들더라
(막 16:17-18) 믿는 자들에게는 이런 일이 따르리니 곧 그들이 내 이
름으로 귀신을 쫓아내며 새 방언을 말하며 뱀을 집어 올리며 무슨 독
을 마실지라도 해를 입지 아니하며 병든 자에게 손을 얹은즉 나으리라
(약 5:15) 믿음의 기도는 병든 자를 구원하리니 주께서 저를 일으키
시리라
(사 58:5) 그리하면 네 빛이 새벽같이 비칠 것이며 네 치유가
급속할 것이며 네 공의가 네 앞서 행하고 여호와의 영광이
네 뒤에 호위하리니

그녀는 말씀을 암송하며 자기 손을 아픈 부위에 얹고 나을 것을 선포했다. 때로는 몸 상태가 더 안 좋아지기도 했지만 개의치 않고 끈질기게 믿음의 말씀을 선포하며 기도했다. 자신과의 싸움에서 지지 않고 그녀는 계속 말씀의 영향 아래 거하면서 아픔을 바라보지 않고 끈질기게 치유의 은혜에 매달렸다. 그리고 마침내 유방암에서 자유함을 얻게 되었다.

그 후 31년이 지나도록 존 비비어의 장모는 건강하게 잘 지내며 76세의 나이에도 사위의 선교회 사무실에서 열심히 봉사하고 있다.

말씀에 반응하는 40일 치유기도 훈련

31일

열두 제자에게 권능을 주시니라

(마 10:1) 예수께서 그의 열두 제자를 부르사 더러운 귀신을
쫓아내며 모든 병과 모든 약한 것을 고치는 권능을 주시니라

예수님께서 병에 걸려 신음하는 무리들을 보시고 불쌍히 여기시사 모든 병과 모든 약한 것을 고치셨습니다. 그리고 제자들을 불러 귀신을 쫓아내는 권능과 모든 병을 고치는 권능을 주셨습니다. 어떤 특정한 몇몇 사람의 병을 고치는 권능을 주신 것이 아니라 '모든' 병과 '모든' 약한 것을 고치는 권능을 주셨습니다.

이 예수님의 권능은 오늘날 예수 믿는 우리들에게도 동일하게 역사합니다. 어떤 사람들은 예수님의 치유 사역은 예수님 시대에 끝났다고 하는 사람들이 있습니다. 혹은 예수님께 직접 능력을 전수받은 사도 시대로 끝났다고 하는 사람들도 있습니다.

아닙니다. 예수님은 "나를 믿는 자는 내가 하는 일을 그도 할 것이요 또한 그보다 큰일도 하리니."라고 하셨습니다. 예수님 당시에만 치유의 권능이 있는 것이 아니고 오늘날에도 치유의 권능은 실제로 행해지

고 있습니다.

[예수께서 그의 열두 제자를 부르사 더러운 귀신을 쫓아내며]

예수님의 치유가 행해지기에 앞서 더러운 귀신을 쫓아내는 일은 자주 있었습니다. 거룩한 주님의 성전인 성도의 영육 간에 더러운 귀신이 공존할 수는 없는 것입니다. 주님의 보혈로 귀신을 먼저 쫓아내고 귀신에게 괴롭힘 당했던 사람들의 영혼을 구원해야 합니다.

주님. 내가 지금 병에 눌려 있습니다. 암이 나를 괴롭히고 내 마음을 어지럽게 합니다. 내 영과 육의 회복을 위해서 먼저 더러운 영, 불안의 영, 절망의 영, 포기하는 영을 쫓아내기 원합니다. 귀신은 주님의 권능 앞에 결코 견딜 수 없으니 이제 나는 귀신이 주는 공포와 좌절감을 갖지 않습니다. 내 안에는 거룩한 주님의 영으로 충만합니다.

[모든 병과 모든 약한 것을 고치는 권능을 주시니라]

예수님은 제자들로 하여금 먼저 귀신을 쫓아내게 하시고 모든 병과 모든 약한 것을 고치는 권능도 주셨습니다. 병을 고치는 권능은 주님으로부터 나옵니다. 권능은 권세와 능력입니다. 예수님의 권세와 예수님의 능력으로 제자들은 모든 병자들을 고치는 힘을 얻었습니다.

주님. 저에게도 제자들에게 주셨던 권능을 허락하여 주시옵소서. 내가 선포할 때 모든 병이 고치지고 약한 것이 회복되는 치유가 일어나게 하옵소서.

32일

권세가 있는 줄 알게 하려 하노라

(막 2:10-12) 그러나 인자가 땅에서 죄를 사하는 권세가 있는
줄을 너희로 알게 하려 하노라 하시고 중풍병자에게
말씀하시되 내가 네게 이르노니 일어나 네 상을 가지고 집으로
가라 하시니 그가 일어나 곧 상을 가지고 모든 사람 앞에서
나가거늘 그들이 다 놀라 하나님께 영광을 돌리며 이르되
우리가 이런 일을 도무지 보지 못하였다 하더라

예수님께서 가버나움이라는 도시에서 가르치실 때의 일입니다. 사람들이 예수님께 몰려들어 가르침을 받고 있었기 때문에 중풍병자가 예수님의 가까이에 갈 수가 없었습니다. 이에 그 친구들이 지붕을 뜯고 중풍병자가 누운 상을 달아 내렸습니다. 예수님은 그들의 믿음을 보시고 중풍병자에게 "네 상을 가지고 일어나라."라고 말씀하셨습니다.

[그러나 인자가 땅에서 죄를 사하는 권세가 있는 줄을 너희로 알게 하려 하노라 하시고]
예수님은 죄사함을 줄 수 있는 권능이 있었습니다. 하지만 사람들은

예수님을 믿지 않았습니다. 그래서 예수님은 당신의 권능을 사람들에게 알게 하기 위해 중풍병자를 일으키셨습니다. 주님은 자신에게 권세와 능력이 있음을 입증하시는 방법으로 병자의 치유를 사용하셨습니다.

[중풍병자에게 말씀하시되 내가 네게 이르노니 일어나 네 상을 가지고 집으로 가라 하시니]

말씀의 권위는 중풍병자에게 그대로 임했습니다. 죄사함의 권세가 있으신 예수님은 병 고침의 권세 또한 있었습니다. 일어나지 못하고 평생을 누워 있어야 하는 중풍병자에게 일어나 네 상을 가지고 집으로 가라고 명령하셨습니다.

[그가 일어나 곧 상을 가지고 모든 사람 앞에서 나가거늘]

예수님의 말씀의 권세대로 중풍병자는 일어나 걸어 나갔습니다. 예수님의 능력은 사람의 상식과 이성을 뛰어넘습니다. 인간의 힘으로는 한 발자국도 움직이게 할 수 없건만 예수님의 권능은 사람을 살리기도 하고 고치기도 하고 일으켜 세우기도 합니다.

[그들이 다 놀라 하나님께 영광을 돌리며 이르되 우리가 이런 일을 도무지 보지 못하였다 하더라]

예수님의 권능 앞에서는 사람들은 놀랄 수밖에 없습니다. 그리고 예수님의 권능과 권세를 본 사람들은 하나님께 영광을 돌리게 됩니다.

왜냐하면 예수님의 권능은 이제껏 보지 못하던 새로운 능력이기 때문입니다.

33일

무슨 독을 마실지라도 해를 받지 아니하며

(막 16:17-18) 믿는 자들에게는 이런 표적이 따르리니
곧 그들이 내 이름으로 귀신을 쫓아내며 새 방언을 말하며
뱀을 집어 올리며 무슨 독을 마실지라도 해를 받지 아니하며
병든 사람에게 손을 얹은즉 나으리라 하시더라

예수님은 자신의 표적으로 권능을 보여 주시고 하나님의 아들이심을 증명하셨습니다. 사람들은 눈에 보이는 표적이 없으면 믿지 못합니다. 그래서 예수님은 여러 가지 표적으로 당신의 권세와 능력을 보여 주시사 사람들로 하여금 하나님의 아들이심을 믿게 하는 도구로 사용하셨습니다.

[믿는 자들에게는 이런 표적이 따르리니]
주님 감사합니다. 예수님을 받아들인 자들에게는 표적이 따름을 믿습니다. 병 고침의 표적으로 인해 내 병이 낫고 내 질고가 고침을 받고 내가 살아납니다. 세상의 의술이나 약으로도 고칠 수 없는 병을 오직 주님의 표적으로 고칠 수 있음을 믿습니다.

[내 이름으로 귀신을 쫓아내며 새 방언을 말하며]

가장 먼저 내 마음속에 자리 잡고 있는 더러운 귀신을 쫓아냅니다. 나는 하나님의 거룩한 자녀이기 때문에 내 속에는 더러운 귀신이 거할 수 없습니다. 깨끗한 그릇에만 물건을 담을 수 있듯 깨끗한 영혼에만 거룩하신 하나님이 임재하십니다.

나는 방언으로 주님과 소통합니다. 새 그릇에 새 술을 담듯 내 영혼의 그릇에 주님이 부어 주시는 새 방언을 담습니다. 나에게 방언을 내려 주셔서 감사합니다.

[뱀을 집어 올리며 무슨 독을 마실지라도 해를 받지 아니하며]

내가 뱀을 집어 올릴지라도 뱀이 나를 상하게 하지 못하며 설령 모르고 독을 마시더라도 그 독으로 인해 해를 입지 않습니다. 주님께서 자녀 된 나를 보호하시기 때문입니다. 아무리 무섭고 어려운 상황이 온다 할지라도 나는 주님의 보호하심 아래 이 병을 능히 이겨 낼 줄 믿습니다.

[병든 사람에게 손을 얹은즉 나으리라 하시더라]

내가 병에서 놓여났습니다. 십자가의 보혈로 인해 내 병이 나았습니다. 이제 나 역시 병든 사람에게 손을 얹고 그들의 치유를 위해 간구합니다. 내 남편, 내 아내, 내 자녀들에게 사랑하는 마음으로 손을 얹을 때 주님의 치유가 강력히 임하게 하여 주시옵소서. 주님의 권능이 내가 없은 손으로 인해 드러나게 하시고 나도 살고 가족도 살고 병든 자들도 살아나서 주님의 영광을 드높이는 삶을 살아가게 하여 주시옵소서.

34일

병을 고치는 능력을 주시고

(눅 9:1-2) 예수께서 열두 제자를 불러 모으사 모든 귀신을
제어하며 병을 고치는 능력과 권위를 주시고 하나님의 나라를
전파하며 앓는 자를 고치게 하려고 내보내시며

[예수께서 열두 제자를 불러 모으사 모든 귀신을 제어하며 병을 고치는 능력과 권위를 주시고]

예수님은 사랑하는 열두 제자에게 권능을 주셨습니다. 예수님의 권능이 제자들에게 임했습니다. 평범한 사람들에게 임한 예수님의 권능은 귀신을 제어하고 병을 고치는 능력이 됩니다. 주님의 능력으로 제자들이 병과 귀신에서 권위를 갖게 되었습니다. 이제 나도 귀신을 제어하며 병을 고치는 능력을 갖기를 소원합니다. 간절히 사모하는 자에게 좋은 것을 주신다고 하신 주님께서 병 고침을 간구하는 나에게 임하시사 내 병이 주님의 능력과 권위로 나음을 입습니다.

[하나님의 나라를 전파하며 앓는 자를 고치게 하려고 내보내시며]

우리가 복음을 받은 것은 하나님 나라를 전파하기 위함입니다. 우리

가 죄에서 사하여진 것도 하나님 나라를 전파하기 위함입니다. 우리가 나음을 입은 것도 하나님 나라를 전파하기 위함입니다. 오직 우리의 모든 존재 의미는 하나님 나라를 전파하는 것입니다.

귀신에 사로잡힌 자는 하나님 나라를 전파할 수 없습니다. 앓은 자는 고침을 받고 보내심을 받아 주의 나라를 전파하는 사명을 받게 됩니다.

거룩하시고 능력의 근원 되시는 하나님 아버지. 나를 고치시사 주의 은혜를 전파하는 사명을 감당하게 하소서. 내가 강건하여 주님의 권능을 선포하겠습니다. 이 일을 이루실 주님을 찬양합니다.

35일

뱀과 전갈을 밟으며

(눅 10:19) 내가 너희에게 뱀과 전갈을 밟으며 원수의 모든
능력을 제어할 권능을 주었으니 너희를 해칠 자가 결코 없으리라

[내가 너희에게 뱀과 전갈을 밟으며]

에덴동산에서 아담과 하와를 미혹한 뱀은 오늘날에도 주님의 자녀들을 미혹하고 괴롭힙니다. 전갈의 독으로 우리의 뒤꿈치를 물고 사망에 빠뜨리려고 합니다. 하지만 나는 하나님이 주시는 권능으로 선포합니다.

내가 뱀과 전갈을 밟는다. 내가 전갈과 독사의 머리를 밟는다. 나를 물고 넘어뜨리려 하는 뱀과 사탄을 내가 주님의 권능의 발로써 밟고 물리친다.

[원수의 모든 능력을 제어할 권능을 주었으니]

이 더러운 사탄 마귀 원수야! 너는 내 몸에 병을 줄 수 없다. 예수님의 권능이 내 속에 거한다. 하나님의 자녀의 몸에 더러운 원수가 기생할 수 없다. 내가 예수님의 권능으로 선포하노니 내 몸에서 썩 나가라!

여기는 네가 머무를 수 없다. 나는 주님으로 인하여 성결해졌다. 너희의 능력은 하나님의 권능 앞에서 무릎을 꿇고 패했으니 당장 내 몸에서 떠나갈지어다.

[너희를 해칠 자가 결코 없으리라]

주님 감사합니다. 독생자의 보혈로 나를 정결케 하시고, 하나님의 권능으로 나를 인 치셨사오니 나를 해칠 자가 아무도 없음으로 인하여 감사드립니다. 나는 더 이상 사탄 마귀 원수의 손에서 괴로워하지 않고 해방되었음을 선포합니다. 나를 해칠 자는 이 세상에 아무도 없습니다. 나를 두렵게 할 자도 아무도 없습니다. 오직 여호와의 능력의 팔이 나를 붙들고 있으니 나는 죄악에서 승리하였습니다. 나는 병에서 고침을 받았습니다. 십자가에서 모든 것을 이루신 예수님을 찬양합니다.

36일

믿음의 기도는 병든 자를 구원하리니

(약 5:15-16) 믿음의 기도는 병든 자를 구원하리니 주께서 그를
일으키시리라 혹시 죄를 범하였을지라도 사하심을 받으리라
그러므로 너희 죄를 서로 고백하며 병이 낫기를 위하여
서로 기도하라 의인의 간구는 역사하는 힘이 큼이니라

하나님의 치유의 권능을 선포할 때 중보기도의 힘 또한 큽니다. 자신의 입으로 선포함과 동시에 주위 사람들의 중보기도의 힘은 치유를 더 강하게 하고 도움을 줍니다. 사탄 마귀들이 우리의 치유를 방해할 때 물리칠 수 있는 방패와 칼이 되는 것이 중보기도의 능력입니다.

[믿음의 기도는 병든 자를 구원하리니 주께서 그를 일으키시리라]
하나님. 나에게는 주님께서 나를 일으키시리라는 믿음이 있습니다. 내가 병에 지지 않고 일어서서 하나님의 권능을 나타낼 것을 믿습니다. 믿음의 기도로 나는 구원함을 얻습니다. 병에서도 구원함을 얻고 죄에서도 구원함을 얻습니다. "기도 외에는 이런 류가 없느니라." 하신 예수님의 말씀대로 믿고 행할 때 말씀이 능력되어 나타날 것으로 인해 감사드립니다.

[혹시 죄를 범하였을지라도 사하심을 받으리라]

주여 나는 죄인입니다. 기도로 고백하고 말씀으로 무장해도 어느 순간에 나는 죄의 본성으로 기울어져 있음을 발견합니다. 하지만 예수님께서 나를 위해 십자가에서 달려 돌아가시고 내 죄를 위해 피 흘리셨으니 내가 사함을 얻게 되었습니다. 죄인인 우리가 어찌 의인이 되겠습니까? 오직 예수님의 희생과 죄사함으로만 가능하오니 주여 그 크신 은혜에 감격할 뿐입니다.

[그러므로 너희 죄를 서로 고백하며 병이 낫기를 위하여 서로 기도하라]

죄사함을 위해서는 먼저 죄를 고백합니다. 그리고 병이 낫기 위해 서로 중보하며 기도합니다. 우리는 다 양 같아서 그릇 행하여 각기 제 길로 가기에 서로를 위한 중보기도가 절실합니다. 함께 모여 기도할 때 우리가 서로의 기도에 의지하여 죄에서 멀어지고 예수님의 치유가 강력하게 임할 줄로 믿습니다.

[의인의 간구는 역사하는 힘이 큼이니라]

아멘. 우리를 의롭다 하시고 의인 삼아 주시는 예수님의 은혜. 그 은혜에 힘입어 기도하오니 나의 병과 나의 죄를 사하여 주시옵소서. 선포하는 기도에는 권능이 있습니다. 간구하는 기도는 강력한 힘을 발휘합니다. 힘의 근원 되시는 예수님의 이름으로 기도드립니다. 아멘.

말씀에 반응하는 40일 치유기도 훈련

37일

예수께서 꾸짖어 이르시되

(막 1:23-26) 마침 그들의 회당에 더러운 귀신 들린 사람이 있어
소리 질러 이르되 나사렛 예수여 우리가 당신과 무슨
상관이 있나이까 우리를 멸하러 왔나이까 나는 당신이 누구인 줄
아노니 하나님의 거룩한 자니이다 예수께서 꾸짖어 이르시되
잠잠하고 그 사람에게서 나오라 하시니 더러운 귀신이
그 사람에게 경련을 일으키고 큰 소리를 지르며 나오는지라

귀신을 상대할 때는 특별히 꾸짖는 선포를 해야 합니다. 도둑이 우리 집 담을 넘어올 때 '나는 점잖은 사람이니까 돌아가라고 품위 있게 말해야지.' 해서는 도둑이 도망가지 않습니다. 담을 넘어오기 전부터 동네 사람들이 다 들을 수 있도록 꾸짖고 선포해야 합니다.

예수님은 우리처럼 평범한 제자들에게 귀신을 제어하고 병 고칠 권능을 주셨습니다. 그들은 특별히 의학지식을 가지고 공부했거나 신학 박사 학위를 가지고 공부한 사람들이 아니었습니다. 갈릴리에서 평생 어부를 하며 지낸 사람들, 심지어 당시에 천대받던 세리도 있었습니다. 어디서나 만날 수 있는 평범한 사람들에게 예수님은 권세와 권능

을 주시고 병과 귀신을 제어할 능력을 주셨습니다. 그리고 그들은 예수님의 권세를 사용하여 병을 고치고 귀신을 떠나가게 했습니다.

우리도 예수님의 권세를 누릴 수 있는 주의 자녀들입니다. 나에게 이미 맡겨 주신 능력으로 병에서 놓여나는 축복을 누립시다.

[나사렛 예수여]

율법학자와 바리새인들은 성경에 능통하고 하나님의 약속을 알고 율법대로 살았지만 예수님의 실체는 몰랐습니다. 유대인들은 예수님을 만났지만 하나님의 아들로 인정하지 않았습니다.

하지만 오히려 귀신들은 예수님을 바로 알았습니다. 귀신들은 "나사렛 예수여."라고 예수님이 나사렛에서 오실 구약에 예언된 메시아임을 고백합니다.

[우리가 당신과 무슨 상관이 있나이까 우리를 멸하러 왔나이까 나는 당신이 누구인 줄 아노니 하나님의 거룩한 자니이다]

귀신들은 자신들을 멸하러 오신 예수님 앞에서 사시나무 떨듯 벌벌 떱니다. 그리고 귀신들은 거듭 예수님의 정체성에 대해 말합니다. "당신이 누구인 줄 아노니 하나님의 거룩한 자니이다." 하나님의 거룩한 자 예수님을 두려워하는 귀신들입니다.

[예수께서 꾸짖어 이르시되 잠잠하고 그 사람에게서 나오라 하시니]

말씀에 반응하는 40일 치유기도 훈련

예수님은 귀신을 꾸짖어 지금 그 사람에게서 나오라 명령하십니다. 예수님의 꾸짖음에 귀신들은 꼼짝을 못하고 큰 소리를 지르며 사람에게서 **빠져나옵니다**. 예수님의 권세 앞에서 귀신들은 아무 힘이 없습니다. 나도 예수님의 권세를 힘입어 더러운 귀신에게 선포합니다.

"더러운 귀신아. 나는 네가 내 속에 머무는 것을 용납하지 않겠다. 나는 하나님의 거룩한 백성이다. 나는 하나님의 사랑받는 자녀다. 지금까지 너에게 속아 괴로운 시간을 보낸 것을 이제는 더 이상 허용하지 않는다. 믿음의 기도는 병든 자를 구원한다고 하셨으니 그 말씀 그대로 나는 병에서 해방되었다. 나는 영육 간에 온전함을 입었다."

38일

내 육체도 안전히 살리니

(시 16:8-10) 내가 여호와를 항상 내 앞에 모심이여 그가 나의
오른쪽에 계시므로 내가 흔들리지 아니하리로다 이러므로
나의 마음이 기쁘고 나의 영도 즐거워하며 내 육체도 안전히
살리니 이는 주께서 내 영혼을 스올에 버리지 아니하시며
주의 거룩한 자를 멸망시키지 않으실 것임이니이다

[내가 여호와를 항상 내 앞에 모심이여 그가 나의 오른쪽에 계시므로 내가
흔들리지 아니하리로다]

　나의 힘이 되신 여호와여. 내가 주를 항상 내 앞에 모십니다. 주님이
내 앞에 계시므로 내가 보호를 받고 요동치지 아니합니다. 그동안은
암이 주는 두려움으로 인해 내 마음에 폭풍이 몰아치고 격동하는 심령
의 흔들림 가운데 있었으나 이제 내가 흔들리지 않는 믿음을 가졌습니
다. 주님과 동행하고 여호와를 항상 내 앞에 모시니 든든합니다. 이제
내가 병에서 놓여 강건하여짐을 믿습니다.

[이러므로 나의 마음이 기쁘고 나의 영도 즐거워하며 내 육체도 안전히 살리니]

주님이 내 보호자 되시니 내 영이 기뻐하며 즐거워합니다. 심령이 무너지면 병에서 이길 수 없으나 주님이 주시는 기쁨이 내 치유의 깊은 샘이 되었습니다. 주님으로 인하여 즐거워하는 마음이 내 병을 신속히 치유할 것입니다. 그로 인해 내 육체가 안전하게 살게 됩니다. 두려움과 공포는 암을 더 빨리 퍼트리지만 주님을 기뻐하고 즐거워하는 마음은 내 육체를 더욱 강건하게 하사 내 몸이 신속하게 회복됩니다.

[이는 주께서 내 영혼을 스올에 버리지 아니하시며 주의 거룩한 자를 멸망시키지 않으실 것임이니이다]

내가 주님의 치유로 인해 죽지 않습니다. 내 영혼이 스올에 버려지지 않는다 하셨사오니 오 주여, 더 이상 무슨 말이 필요하겠습니까. 내가 죽지 않고 살아서 여호와의 영광을 선포할 것입니다. 나를 주의 거룩한 자라 불러주시고 나를 버리지 않는다는 그 말씀이 진정한 복음이요 회복입니다. 나를 치유하시는 주님. 나를 살리시는 주님. 감사합니다. 사랑합니다.

39일

영원한 장수로소이다

(시 21:4) 그가 생명을 구하매 주께서 그에게 주셨으니
곧 영원한 장수로소이다

[그가 생명을 구하매 주께서 그에게 주셨으니]

생명의 근원 되시는 하나님. 하나님은 죽은 자도 살리시고 병든 자도 고치시는 주님이십니다. 나의 하나님은 언제나 나를 살리시고 좋고 선한 것을 선물로 주시는 아버지이심을 믿습니다. 생명을 구하는 자에게 주시는 하나님이심을 믿습니다.

몸이 아프고 괴로워 병 낫기를 포기하고 병에 몸을 맡겨 버린다면 이길 수 없으나 하나님께 생명을 구하고 기도하오니 저에게도 회복과 치유의 은혜를 주시옵소서. 나에게 은혜 주실 줄 믿습니다.

[곧 영원한 장수로소이다]

사울의 수많은 칼날 앞에서도 피할 길을 주시고 다윗의 목숨을 살려 주신 하나님. 하나님의 보호하심으로 인해 다윗의 왕위가 영원해졌습니다. 예수님은 죽음을 이기시고 부활하사 영원한 생명을 우리에게 약

속하셨습니다.

  나도 지금 이 병에서 죽지 않고 살아서 여호와의 일하심을 간증할 것입니다. 생명의 날을 길게 하사 장수하게 하시는 하나님. 내가 젊은 나이에 죽지 않고 장수한다고 말씀하여 주시니 감사합니다. 죽음에 눌려 있지 않고 생명의 활력을 누립니다. 어둠에 사로잡혀 있지 않고 영원한 하나님 나라의 영생을 누립니다. 살아서도 천국이요 죽어서도 영생이기에 내가 두려워하지 않는 강인함이 있습니다. 나를 장수하게 하시는 하나님으로 인해 내 기쁨은 하늘을 찌를 듯 넘쳐 나며 주님께 감사의 찬미로 제사를 드립니다.

40일

귀신을 제어할 능력과 권위를 주심

(눅 9:1-2) 예수께서 열두 제자를 불러 모으사 모든 귀신을
제어하며 병을 고치는 능력과 권위를 주시고 하나님의 나라를
전파하며 앓는 자를 고치게 하려고 내보내시며

[예수께서 열두 제자를 불러 모으사]

예수님은 자신이 하늘로 올라가신 후에도 지상 사역을 이루시기 위해 제자들을 택하셨습니다. 12명의 제자들로 그분이 못다 한 사역을 계속 이어 가게 하셨습니다. 제자들이 세상의 특별한 권력이나 힘이나 부유한 자들이 아니라서 감사합니다. 우리와 똑같은 평범한 사람들도 예수님의 제자로 부르심 받을 수 있음에 감사합니다.

[모든 귀신을 제어하며]

귀신을 제어하는 것이 제일 처음에 나온 이유는 '하나님이 임재하시는 사람의 거룩한 몸에 더러운 귀신이 함께할 수 없기 때문'입니다. 하나님과 귀신은 공존할 수 없습니다. 우리 몸은 주의 영이 거하는 성전입니다. 나를 성전 되게 하사 더러운 귀신에게서 깨끗함을 입게 하신

주님 감사합니다.

[병을 고치는 능력과 권위를 주시고]

병을 고치는 능력은 사람의 힘에서 말미암는 것이 아니요 오직 하나님의 능력에서 말미암습니다. 예수님의 권위가 제자들에게 임하니 그들도 병을 고치고 권위 있는 말씀을 선포하는 자가 되었습니다.

[하나님의 나라를 전파하며 앓는 자를 고치게 하려고 내보내시며]

하나님의 나라가 이 땅에서 전파되기 위해 나같이 부족한 자도 사용하시는 주님을 찬양합니다. 나에게 능력과 권위를 주사 하나님의 말씀으로 병에서 고침 받게 하시고 나처럼 병으로 고통받는 자들에게 치유의 간증을 하게 하심을 감사드립니다. 하나님의 나라는 나처럼 평범한 사람들을 통해서도 전파되고 복음의 기쁜 소식이 대대로 울려 퍼질 것입니다. 주님. 저를 사용하여 주시옵소서.

치유 간증 4

〈의사는 포기했지만 살아났습니다〉

서천석 목사의 《치유묵상 40일》에 나오는 간증입니다.

1987년 8월, 내 아내는 둘째 아이를 낳고 산후조리를 위해 한약을 지어 먹었다. 그런데 갑자기 온몸이 마비되고 뒤틀리고 정신까지 잃어서 급히 병원 중환자실로 옮겼다. 병명은 폐혈증이었다. 입원 3일째 날, 담당 의사는 나를 조용히 불렀다.

"준비하세요. 그리고 알릴 사람들에게 빨리 알리세요."

한마디로 살아날 가망성이 없으니 장례를 준비하라는 통보였다. 하지만 나는 의사의 말을 듣자 "하나님께서 반드시 내 아내를 살려 내실 것이다."라는 믿음으로 기도했다. 그리고 "평강의 하나님께서 속히 사탄을 너희 발아래에 상하게 하시리라."는 하나님의 말씀을 강력하게 붙잡았다. 그러나 아무리 믿음으로 선포해도 아내의 상황은 내 기도와는 반대로 진행되고 있었다.

일주일이 지나고, 10일이 지나고, 20일이 지나도 아내는 산소 호흡기에 의지한 채 의식이 없었다. 잘 아는 약사가 그 병원에 근무하고 있어서 아내의 상태에 대해 물었더니, 내 눈치만 보고 자세한 이야기를 하지 않았다. 병원에서는 수많은 케이스를 통해 내 아내 역시 이미 회복이 쉽지 않은 상태라고 결론을 내린 것이다.

중환자실에서는 하루가 멀다 하고 통곡 소리가 들렸다. 그럴 때마다 '혹시 내 아내도…' 하는 불안감이 스멀스멀 올라와 믿음을 흔들어 놓았지만 오직 로마서 16장 20절만 붙들고 기도했다.

그리고 기도한 대로 30일 만에 아내는 깊은 잠에서 깨어났다. 나는 하나님의 은혜로 깨어난 아내가 곧 퇴원할 것을 바랐지만 의사의 생각은 달랐다.

"환자 중에는 일시적으로 잠깐 회복되다가 곧바로 사망하는 경우가 많습니다. 그래서 더 지켜봐야 합니다."

아내는 산소 호흡기를 떼고 일반 병실로 옮겼고, 43일 만에 병원을 나올 수 있었다. 그리고 35년이 지난 2022년 현재에도 건강하게 살고 있다.

성경 말씀을 붙들고 있을 때 의심도 생기고 '그래봐야 소용없다'는 마귀의 속삭임도 있었다. 낫기는커녕 더 악화되기도 하고 전혀 불가능해 보이는 순간도 있었다. 주위 사람들에게 광신자 취급을 받을 수도 있다.

하지만 하나님의 말씀은 하나님께서 책임지신다. 말씀에 집중하여 살면 하나님의 영광을 보게 된다. 기록된 말씀을 묵상하고 믿고 고백함으로써 그 말씀이 실제가 되게 하는 것, 그것이 바로 증인의 삶이다.

III

치유의
전제 조건

1

$$\text{❧❧} 1 \text{❧❧}$$

하나님을 경외하라

여호와를 경외하는 것은 생명의 샘이니 사망의
그물에서 벗어나게 하느니라(잠 14:27)

치유를 얻는 방법의 첫 번째 비결은 '여호와의 이름을 경외하는 것'
이다. 내 생명의 근원이시고 내 치유의 근원이신 하나님의 이름을 경
외하는 믿음이 치유의 첫걸음이다.

'경외'의 사전적 의미는 '인간의 능력이나 지각으로 모두 이해하거나
알 수 없는 대상을 마주했을 때, 또는 매우 충격적이고 압도적인 현상
이나 대상을 접했을 때 느끼는 두려움과 존경을 의미'한다. 포털 사이
트 지식백과에서 '경외'는 '신학, 문학, 심리학 등의 영역에서 오랜 시간
동안 탐구의 대상이 되어 왔다. 종교적인 측면에서는 신에 대한 경험,
종교적 체험을 할 때 느끼는 두려움과 존경을 내포하는 의미로서 사용
되며, 인간의 이해 범위를 넘어선 현상이나 대상을 마주했을 때 느끼
는 감정'을 의미한다.

20여 년 전, 미국 여행을 하다가 나이아가라 폭포를 갔을 때 느꼈던 경외감은 아직도 생생하다. 어느 누가 그렇게 광대한 폭포와 물줄기를 만들 수 있단 말인가? 수천 년일지, 수십억 년일지는 모르지만 그 세월을 지나오고 오늘도 여전히 흘러내리는 그 폭포와 물줄기 앞에서 우리 인간은 한낱 작은 미물에 불과함을 느낄 수밖에 없다. 그랜드캐니언의 광활한 협곡을 보았을 때도, 에베레스트산의 웅장함을 접했을 때도 우리는 경이로움을 느낀다. 대자연의 웅장함을 보면서 우리 인간이 도저히 상상도 할 수 없는 만물을 지으신 하나님 앞에 경외감을 표현할 수밖에 없는 것이다.

비단 자연만이 아니다. 고대 인간의 기술력으로 건축했다고 믿기 어려운 구조물들 앞에서도 경이로움을 느낀다. 세계 7대 불가사의. 오늘날과 같은 과학과 기술 없이 쌓아 올린 그 구조물들을 보면서 우리는 설명할 말을 잊는다. 7대 불가사의는 영어로 'Seven Wonders of the World'라고 표현한다. 정확한 표현이다. seven mystery가 아니라 seven wonders다. 기이한 미스터리의 수준을 넘어서서 인간의 힘으로는 알 수조차 없는 경이로움 그 자체라는 뜻이다.

또한 일상에서도 우리는 하나님을 경외하게 된다. 종종 일어나는 큰 기적뿐만 아니라 매일의 일상이 사실은 기적이다. 우리 몸속에 있는 수십 조의 세포들 하나하나가 한 치의 오차도 없이 정확하게 일하기 때문에 오늘 우리가 생명을 유지하는 것이다. 손가락을 감싸고 있는 수많은 근육들 가운데 하나라도 제 구실을 하지 못하면 우리는 손가락 하나 굽히고 펴는 것조차 할 수 없다. 하지만 그러한 경이로운 사실을 망각한 채 하루를 살아간다.

눈에 보이지 않는 세상의 질서가 유지되는 것은 다 하나님의 일하심 때문이다. 그러기에 우리는 하나님의 이름을 경외할 수밖에 없는 것이다.

성경에는 수많은 치유의 기적들이 나온다. 세상의 의학으로는 고칠 수 없는 병들. 원인도 이유도 알 수 없는 질병 속에서 현대인들은 시달리고 있다. 멀쩡하던 사람이 정신병에 걸려 고통 가운데 있기도 한다. 어제 건강했다고 하던 사람이 건강검진에서 암을 발견하고 투병생활을 하기도 한다.

내가 원치 않는 질병에 걸렸을 때 우리는 어떻게 해야 하는가? 경외받기 합당한 하나님께서 나의 질병을 가슴 아파하신다는 사실을 명심하라. 내가 낫기를 바라시고 건강하게 살기를 원하신다는 사실을 믿으라. 이 세상 만물을 지으신 하나님은 우리의 병도 깨끗이 낫게 하실 수 있다. 하나님의 능력으로 못 할 일이 무엇이 있겠는가? 오직 하나님을 경외하며 하나님의 능력에 의지하여 내 병의 치유를 위해 기도하라.

〈기도〉

거룩하고 사랑이 많으신 하나님 아버지. 천지 만물을 창조하시고 인간에게 다스리게 하시는 하나님 아버지. 하나님은 못할 일이 없으시고, 모르는 것이 없으신 분이심을 믿습니다.

그 능력의 하나님께서 지금 내 몸에 임하여 주시사 내 병을 고쳐 주시길 간구합니다. 하나님께는 암이나 감기나 다 똑같음을 믿습니다. 나를 사랑하시는 하나님은 내 병을 누구보다도 안타까워하시며 내가 낫기를 바라시는 분이심을 믿습니다.

(잠 14:27) 여호와를 경외하는 것은 생명의 샘이니 사망의 그물에서 벗어나게 하느니라

(잠 19:23a) 여호와를 경외하는 것은 사람으로 생명에 이르게 하는 것이라

(잠 10:27) 여호와를 경외하면 장수하느니라 그러나 악인의 수명은 짧아지느니라

하나님 감사합니다. 천지 만물을 창조하신 하나님께서 "여호와를 경외하는 자에게 생명을 주신다."라고 이토록 섬세하게 말씀하셨사오니 그 말씀을 믿고 내가 새로운 힘을 얻습니다. 여호와를 경외함으로 내가 장수할 것입니다. 그것은 하나님의 약속의 말씀이기에 내가 '아멘'으로 그 말씀을 받아들입니다. 이제부터 내 평생 동안 여호와를 경외하며 하나님의 약속의 말씀 가운데 거하겠습니다. 주님, 치유와 장수의 복을 주시옵소서.

2

예수님을 신뢰하라

(막 5:34) 예수께서 이르시되 딸아 네 믿음이 너를 구원하였으
니 평안히 가라 네 병에서 놓여 건강할지어다

예수님께서 길을 가실 때 누군가가 예수님의 옷 가에 손을 댔다. 예수님은 즉시 능력이 자신의 몸에서 나간 것을 알았다. 예수님의 옷에 손을 댄 사람은 열두 해를 혈루증으로 앓아 온 한 여자였다. 오랫동안 병으로 고통받던 그녀는 예수님의 옷에 손만 대어도 혈루의 근원이 마를 줄로 믿었던 것이다. 예수님은 그 여인을 향해 말한다. "네 믿음이 너를 구원하였다. 병에서 놓여 건강할지어다."

예수님은 그 여인에게 "나를 만나러 오다니 그 노력이 가상하구나." 라며 노력을 칭찬하지 않았다. "그동안 병으로 얼마나 고생이 많았느냐? 불쌍하구나."라며 측은해서 고쳐 주신 것도 아니었다. 예수님이 그 여인의 병을 고쳐 주신 기준은 오직 한 가지! "네 믿음이 너를 구원하였다."라고 말씀하셨다.

말씀에 반응하는 40일 치유기도 훈련

병을 고치는 것은 믿음이다. '하나님께서 내 병을 고쳐 주실 수 있다'는 믿음으로 나온 여인이 병을 고쳤듯이 나 역시 천지를 창조하신 하나님께서 내 병을 고쳐 주실 것이라는 믿음으로 간구해야 한다. 그 믿음을 바탕으로 해서 병원 치료와 약을 병행해야 한다.

나을 것이라는 믿음도 없이 약을 복용한다면 병의 치료가 더디게 나타나기도 하고 때로는 나을 수 있는 병도 낫지 않을 수 있다. 우리나라 말에 '마음의 병'이라는 표현이 있다. 드라마를 봐도 "마음 단단히 먹고 용기 내서 일어나세요."라는 대화를 들을 수 있다. 이 모두는 마음의 중요성을 말해 준다.

인간적인 생각과 마음의 결심도 이토록 중요한데, 하나님에 대한 신뢰와 믿음의 중요성은 더더욱 중요하다. 예수님은 낫고자 하는 이들을 낫게 해 주셨다. 믿음으로 예수님께 나아온 여인을 고쳐 주셨다.

지금 불가능해 보이는 내 병이라 할지라도 예수님의 치유하심을 믿고 기도하라. 그리고 병원 치료를 병행하여 받으면서 강건한 마음으로 병 낫기를 간구하라. 믿음으로 병과 싸울 때 혈루병 여인처럼 우리도 병에서 놓여 건강하게 될 것이다.

〈기도〉
하나님 감사합니다. 내가 지금 병에서 고통받고 있지만 믿음으로 선포합니다. 나는 "네 믿음이 너를 구원하였다. 네 병에서 놓여 평안할지어다."라는 말씀을 믿으며 병과 싸우겠습니다. 병과의 싸움에서 지지 않겠습니다. 오직 하나님의 함께 하심을 믿으며 병에서 놓여나겠습니다. 천지를 창조하신 하나님께 이깟 병이 무슨 문제이겠습니까? 하나님의 힘으로, 하나님의 능력으로 이 병은 깨끗이 사라질 수 있음을 믿습니다.

'믿는 자에게는 이런 일이 따르리니.', '믿음이 없이는 하나님을 기쁘시게 못하나니.' 모든 일의 근원은 하나님을 믿는 믿음이라고 말씀하셨습니다. 그 믿음을 제가 갖습니다. 하나님이 계시니 내 마음이 평안을 얻습니다. 하나님을 신뢰하니 두려움이 사라집니다. 지금 병원에서도 내 병의 치료를 위해 돕습니다. 약으로, 수술로, 주사로 돕습니다. 평안과 안정감으로 약을 복용하니 더 잘 나을 것입니다. 이 모두는 하나님과 함께하기 때문입니다. 내 속에 하나님의 능력을 절대적으로 믿는 믿음이 있음을 감사합니다.

3

예수님의 전능하심을 믿으라

(마 9:28) 예수께서 집에 들어가시매 맹인들이 그에게
나아오거늘 예수께서 이르시되 내가 능히 이 일 할 줄을
믿느냐 대답하되 주여 그러하오이다 하니

예수님을 따라오는 두 맹인이 있었다. 그들은 예수님의 소문을 듣고
예수님을 따라다니며 병 고침을 받기를 소원했다. 맹인으로서 이 마을
저 마을 이동하시는 예수님을 따라다니기는 쉽지 않았겠지만 그들은
예수님께서 자기들의 병을 고쳐 주실 줄을 믿었다.

"다윗의 자손이여 우리를 불쌍히 여기소서." 그들은 예수님을 따라
가며 소리를 질렀다. 그리고 드디어 예수께서 어느 집에 들어가시자
예수님을 만날 수 있었다. 예수님께서도 그 부르짖음을 들으시고 말씀
하셨다.

"내가 너희를 보게 할 수 있다고 믿느냐?"

예수님은 많은 경우 병자의 믿음을 먼저 물어보신다. 그에게 나을만한 믿음이 있는지 먼저 고백을 받으신다. 지금 맹인들에게도 믿음을 먼저 물어보시고 그들은 "주여 그러하외다."라며 주님의 치유의 능력을 믿는 반응을 보였다. 그러자 그들의 눈이 밝아졌다.

불신앙은 능력이 일하지 못하도록 막는다. 의심하며 내뱉는 반응에는 기적이 일어날 수 없다. 예수님께서 고향 나사렛으로 가셨을 때 많은 사람들은 "이 사람이 목수의 아들이 아니냐."라며 배척했다. 선지자가 고향과 친척과 자기 동네에서는 배척을 받듯이 예수님은 고향 나사렛에서는 권능을 행하지 않으시고 소수의 병자만 고치셨다.

하지만 믿음의 고백은 기적을 일으킨다. 지금 맹인들이 예수님을 찾아올 때 그저 '고치나 못 고치나 한번 가 보자. 고치면 좋고 아니어도 할 수 없고.' 하는 식으로 찾아온 것이 아니다. 예수님이 가는 곳마다 따라다니며 소리쳤다. 눈이 먼 상태에서 이동하시는 예수님을 따라간다는 것은 매우 힘든 일이다. 분명한 치유의 믿음 없이는 그 일을 할 수가 없다. 그 결과 그들은 예수님을 만났고, 예수님께 믿음의 고백을 드려서 눈들이 밝아져 세상을 볼 수 있는 기적이 일어난 것이다.

〈기도〉
능력의 하나님. 제가 지금 불치의 병으로 고통받고 있습니다. 이미 병이 많이 진행되었다고 하며 앞으로 힘든 치료의 과정들을 예고하고 있습니다. 하지만 저는 병에 넘어지지 않겠습니다. 하나님의 살아 계심과 치유의 능력을 전적으로 믿습니다.

주님께서 나와 동행하시니 나는 병에서 놓여 건강해질 것입니다. 불안으로 나 스스로 힘들어하지 않겠습니다. 주님께서 이 병을 미리 알게 하셨고, 병원을 통해 현대의학의 힘을 빌릴 수 있게 하셨으니 이 모든 것이 저를 완전하게 치료하시는 과정임을 믿습니다. 저는 하나님께서 능히 나를 치유하실 것을 믿기에 아무것도 두려워하지도, 염려하지도 않겠습니다. 오직 주님을 믿을 때 주시는 마음의 평강으로 살아가겠습니다.

4

믿음의 투표권을 사용하라

(사 53:5) 그가 찔림은 우리의 허물 때문이요 그가 상함은 우리의 죄악 때문이라 그가 징계를 받으므로 우리는 평화를 누리고 그가 채찍에 맞으므로 우리는 나음을 받았도다

우리는 대한민국 국민으로 각종 선거에 투표할 권리가 있다. 대통령 선거나 국회의원 선거의 투표권을 얻기 위해 노력할 필요가 없다. 투표권은 18세 이상의 성인이라면 누구에게나 주어지는 당연한 권리다. 하지만 나에게 주어진 투표권으로 나를 대신해서 다른 사람이 투표할 수는 없다. 그 권리를 행사하는 것은 오직 단 한 사람, 나만이 행사할 수 있는 것이다.

그런데 내가 투표장에 가지 않는다면 그 투표권이 아무리 나에게 있어도 투표할 수는 없다. 내 투표권은 기권표가 되어 아무런 권리표시도 하지 못한 채 무효표가 되어 버리는 것이다.

구원의 원리도 똑같다. 하나님은 우리를 사랑하시고 자녀 삼아 주셨다. 세상 누구에게나 예수님을 믿기만 하면 구원을 받는 은혜를 주셨

다. 그러나 예수님께서 그 은혜를 주셨다고 해서 누구나 구원을 받는 것은 아니다. 내가 예수님을 믿어야 그 구원의 은혜가 효과를 발휘하게 된다.

치유의 원리 또한 똑같다. 하나님은 구약과 신약 말씀을 통해 이미 우리에게 치유의 원리를 제공하셨다. 누구든지 예수 그리스도를 하나님의 아들로 믿기만 하면 구원을 받듯, 누구든지 예수님의 채찍으로 나음을 받는다는 믿음으로 치유를 받는다.

이사야 53:5 "그가 채찍에 맞으므로 우리는 나음을 받았도다."에서 '나음'은 히브리어로 '라파'이다. '라파'는 '고치다, 치료하다, 낫게 하다'라는 뜻이다. 그러므로 여기서 나음을 받은 것은 우리의 육체를 말한다. 우리가 잘 아는 '여호와 라파(치료의 하나님)'는 바로 육체의 치료를 말하는 것이다.

(마 8:17) 이는 선지자 이사야를 통하여 하신 말씀에 우리의 연약한 것을 친히 담당하시고 병을 짊어지셨도다 함을 이루려 하심이더라

여기서 "우리의 연약한 것"은 헬라어로 '아스데네이아'인데 나약함, 질병을 의미한다. 그러므로 이 구절은 이사야 53장 5절의 "그가 채찍에 맞음으로 우리의 연약한 것을 친히 담당하셨고, 그가 병을 짊어지셨기 때문에 우리는 나음을 받았다."라는 의미를 가지게 된다. 즉, 십자가 사건은 우리의 죄로 인한 구원 사역과 더불어 채찍질로 인한 예수님의 육체의 상함을 통해서 우리가 치유받았다는 두 가지 진리를 분명하게 알려 준다.

(벧전 2:24) 친히 나무에 달려 그 몸으로 우리 죄를 담당하셨으니 이는 우리로 죄에 대하여 죽고 의에 대하여 살게 하려 하심이라 그가 채찍에 맞음으로 너희는 나음을 얻었나니

예수님이 십자가에 달려 우리의 죄를 담당하셨다. 그리고 예수님이 채찍에 맞음으로 우리가 나음을 얻었다. 이 명확한 복음, 죄사함과 구원의 두 가지 복음을 마태와 베드로는 계속해서 우리에게 알려 주고 있는 것이다. 불신자들이 예수님을 받아들이지 않듯, 십자가의 죄사함과 병 고침을 동시에 믿는 믿음을 갖지 못한다. 그래서 병으로 인해 고통받는다. 구원의 믿음은 있으나 병 고침의 믿음은 없기 때문이다.

진정으로 병이 낫기를 원하는가? 믿음의 투표권을 당당하게 사용하라!

〈기도〉

거룩하신 하나님 아버지. 저는 지금까지 하나님의 치유의 능력을 온전히 믿지는 못했음을 고백합니다. 하나님께서 원하실 때는 나를 고쳐 주시고 원하지 않으시면 낫지 않는다는 잘못된 믿음을 갖고 있었습니다.

"할 수 있거든이 무슨 말이냐. 믿는 자에게는 능히 하지 못할 일이 없느니라(막 9:23)."라고 말씀하셨음을 알고 있음에도 주님의 전적인 능력을 믿지 못했습니다. 내 병은 병원에서 말하길 '늦었다'고 하니 절대로 고칠 수 없는 줄로만 알았습니다.

"주여 원하시면 저를 깨끗하게 하실 수 있나이다(마 8:2)."라고 간구하던 나병환자의 태도를 그동안 갖고 있었음을 회개합니다. 예수님은 의심하는 자에게 "내가 원하노니 깨끗함을 받으라 하시니 즉시 그의 나병이 깨끗하여진지라(마 8:3)."라고 말씀하셨습니다. 주님은 언제나 사람을 고치시고 병에서 낫게 해 주시는 분이심을 믿습니다.

주님은 사랑이 많으시고 전지전능하시기에 모든 병에서 고칠 수 있는 분이심을 믿습니다. 그리고 이미 예수님께서 십자가에서 내 질고를 짊어지셨음을 믿습니다. 이제 믿음의 투표권을 사용하여 병에서 나음을 입을 것입니다. 모든 능력의 근원이시요 나를 사랑하시는 예수님의 이름으로 기도드립니다. 아멘.

영혼육의 치유를 위한
매일 선포기도 20문장

(민 14:28) 너희 말이 내 귀에 들린 대로 내가 너희에게 행하리니

1. 나는 그리스도 안에서 새로운 피조물입니다.

이전 것은 지나갔으니 보라 새 것이 되었도다.

지금까지의 나는 주님의 보혈로 인해 완전히 새로워진 생명으로 거듭났습니다.

나에게는 새 생명의 신성한 기운이 흐릅니다. 아멘!

2. 나는 그리스도의 희생으로 죄에서 구원받은 자입니다.

예수님은 내 죄를 사하시기 위해 십자가에 달려 돌아가셨습니다. 이제부터 나는 정죄감이나 죄악 된 생각에 사로잡히지 않습니다.

나에게는 십자가의 보혈이 흐릅니다. 아멘!

3. 나는 그리스도의 영이 거하는 거룩한 성전입니다.

거룩한 곳에는 악이 함께 거할 수 없습니다. 나에게는 거룩한 주님의 임재하심이 있습니다.

나는 거룩한 성전 된 자로서 세상과 구별되어 성결하게 살아갑니다. 아멘!

4. 나는 그리스도의 사랑받는 자입니다.

범사에 잘되고 강건하기를 간구하시는 주님의 사랑이 내 속에 거합니다. 그리스도를 사랑하는 자에게는 하나님의 은혜가 머무릅니다.

나에게는 나를 사랑하시는 주님의 은혜가 충만합니다. 아멘!

5. 나는 그리스도의 십자가로 병에서 나음을 입은 자입니다.

그가 우리의 질고를 지고 십자가의 슬픔을 당하셨기에 나는 그리스도로 말미암아 질병과 고통에서 해방되었습니다.

나에게는 더 이상 정죄감도 없고 질고도 없습니다. 아멘!

6. 나는 그리스도의 구속하심으로 말미암아 값없이 의롭다 하심을 받은 자입니다.

내 힘이나 능력이 아니라 오로지 주님의 은혜로 의로운 자가 되었습니다.

의롭다 하신 이는 주님이시기 때문에 사탄 마귀의 속삭임에 귀를 기울이지 않습니다.

나에게는 더 이상 미혹의 영이 틈을 탈 수가 없습니다. 아멘!

7. 나는 여호와를 경외하는 자입니다.

여호와를 경외하는 자에게는 공의로운 해가 함께하여 치료하는 광선을 비춰 주어 외양간에서 나온 송아지같이 뛰어다닐 것입니다.

나에게는 더 이상 질병으로 인한 고통이 없습니다. 아멘.

8. 나는 그리스도의 형통함이 거하는 자입니다.

나는 시냇가에 심은 나무가 과실을 많이 맺는 것 같은 삶을 삽니다.

내가 기도하고 소원하는 것은 주님께서 이루어 주십니다.

나에게는 복 있는 자의 축복이 넘쳐 납니다. 아멘!

9. 나는 그리스도의 임재가 거하는 자입니다.

주의 안에 거하고 주의 말이 내 안에 거합니다.

나는 성경의 일점일획도 의심하지 않고 믿습니다.

나에게는 말씀의 능력이 충만하게 역사합니다. 아멘!

10. 나는 그리스도의 치유가 임하는 자입니다.

믿는 자들에게 따르는 표적이 내 몸과 영혼에 일어납니다.

그리스도의 이름으로 선포할 때 믿음대로 이루어지는 역사를 체험합니다.

나에게는 무슨 독을 마실지라도 해를 입지 않는 보호하심이 있습니다. 아멘!

11. 하나님은 내가 당당하길 원하십니다.

어둠의 영은 수시로 나에게 부정적인 영향력을 미치려 합니다.

내 죄와 잘못을 끊임없이 들춰냅니다.

나는 십자가의 보혈로 죄사함 받았기에 정죄감이 없이 당당합니다. 아멘!

12. 하나님은 내가 감사하길 원하십니다.

하나님은 나를 위해 이 세상 만물을 창조하셨습니다.

공기도 공짜요 햇빛도 공짜요 생명도 공짜입니다.

나는 모든 것을 다 가진 자로 매일매일이 감사의 날들입니다. 아멘!

13. 하나님은 내가 성결하길 원하십니다.

핸드폰을 하다가도 더러운 사진이 혹 뜰 때가 있습니다.

TV를 보다가도 더러운 장면이 지나갈 때가 있습니다.

나는 거룩한 성령의 영으로 음란에 빠지지 않고 성결합니다. 아멘!

14. 하나님은 내가 정직하길 원하십니다.

작은 유익을 위해 사람을 속일 때가 있습니다.

내 변명을 위해 거짓말할 때가 있습니다.

나는 모든 말과 행동을 주님 앞에서 하듯 정직하게 행합니다. 아멘!

15. 하나님은 내가 건강하길 원하십니다.

자녀가 병에서 고통받길 원하는 부모는 아무도 없습니다.

누구나 자녀가 병에서 놓여 건강하길 소원합니다.

나는 건강함으로 말미암아 하나님을 기쁘시게 합니다. 아멘!

16. 하나님은 내가 기도하길 원하십니다.

힘들고 어려울 때는 간절히 기도하다가 문제가 해결되면 다시 이전의 삶으로 돌아가 살아갑니다.

나는 이제 주님과 교제하여 쉬지 말고 기도하며 살아갑니다. 아멘!

17. 하나님은 내가 성숙되길 원하십니다.

어린 자녀가 말도 못 하고 걷지도 못하면 부모는 걱정이 됩니다.

수십 년을 교회 다녀도 영적인 성장이 없는 나를 보며 하나님은 걱정하십니다.

나는 말씀과 기도로 영적인 거인이 되어 갑니다. 아멘!

18. 하나님은 내가 기뻐하길 원하십니다.

자신의 소유에 만족하면 행복으로 넘쳐납니다.

못 가진 것에만 초점을 맞추면 불행으로 살게 됩니다.

나는 영생을 거저 받은 기쁨으로 충만한 삶을 살아갑니다. 아멘!

19. 하나님은 내가 전도하길 원하십니다.

내가 죄악 속에 거할 때도 하나님은 나를 구원하셨습니다.

내 죄를 대신하여 예수님께서 돌아가셨습니다.

나는 나 같은 죄인들을 구원하는 전도의 사명을 실천합니다. 아멘!

20. 하나님은 내가 치유받길 원하십니다.

도둑이 온 것은 속이고 멸망시키려는 것뿐이요 사탄은 인간이 고통 받는 것을 좋아하지만 나는 십자가 보혈의 은혜로 영육 간에 강건함을 입어 살아갑니다. 아멘!

영혼육의 치유를 위한
매일 고백 선포 40문장

지금 암으로 고통받고 있거나 수술을 앞두고 있다면
절박한 심정으로 매일 40문장을 반복해서 선포하십시오.
말씀이 능력이 되어 우리 몸의 치유를 돕습니다.

1. 유월절 어린 양의 피로 내 몸은 보호받고 있다.

2. 십자가의 피 묻은 손으로 나는 깨끗함을 받았다.

3. 내 몸에는 더 이상 암 덩어리가 남아 있지 못한다.

4. 모든 암은 뿌리째 말라 없어질지어다.

5. 모든 암은 묶임 받고 일곱 길로 떠나갈지어다.

6. 머리끝부터 발끝까지 암은 다 소멸될지어다.

7. 능력의 하나님께서 나와 우리 가정을 돌보시사 어떠한 나쁜 것들도 우리에게 임하지 못할지어다.

8. 이미 나에게 들어온 나쁜 것들이 있다면 예수님의 보혈의 피로 깨끗함을 입을지어다.

9. 내가 더 이상 나쁜 것들을 허용하지 않는다.

10. 나쁜 것들은 당장 내 몸에 떠나갈지어다.

11. 나쁜 것들은 내 육체에 머무를 수 없다.

12. 나는 하나님의 거룩한 백성이다.

13. 나는 성령을 모시는 거룩한 성전이다.

14. 나는 예수님의 피값으로 사신 주님의 자녀다.

15. 그리스도의 보호하심이 내 몸을 감싸고 내 영혼을 감싼다.

16. 나는 영혼육의 완전한 구원을 받았다.

17. 나는 자녀를 돌보시는 하나님 아버지의 구속함 가운데 살아간다.

18. 지금 병원에서는 부정적인 결과를 말하고 있지만 잠시 잠깐 나에게 들어온 이 나쁜 것들은 더 이상 나에게 기생하지 못하고 다 떠나

갈지어다.

19. 그리스도 안에서 생명의 성령의 법이 죄와 사망의 법에서 나를 해방하였다.

20. 나는 결코 정죄함이 없다.

21. 나는 낮은 자존감으로 인하여 고통받지 않는다.

22. 나는 예수님의 피 값으로 산 거룩한 존재임을 믿는다.

23. 내가 건강한 것은 하나님의 뜻이다.

24. 내가 강건한 것은 하나님이 원하시는 것이다.

25. 나는 병에서 놓여 치유됨으로 하나님의 일하심을 높일 것이다.

26. 예수님께서 우리의 질고를 지셨으므로 나는 더 이상 질고가 없다.

27. 그리스도께서 채찍에 맞음으로 내가 나음을 입었다.

28. 질병은 더 이상 내 것이 아니다.

29. 예수님이 내 질병을 담당하시고 내 통증을 가져가셨다.

30. 나는 질병과 통증에 굴복하지 않는다.

31. 예수님의 부활 생명이 내 속에 거한다.

32. 내가 숨을 쉬고 호흡할 때마다 부활 생명이 살아 숨 쉰다.

33. 내 안에 계신 주님께서 세상의 어떤 것보다 크시고 높으시기에 나는 치유함을 얻는다.

34. 내 아버지이신 하나님께서 내가 병으로 고통받는 것을 기뻐하실 리가 없다.

35. 나는 주 예수 그리스도로 말미암아 승리함을 얻었다.

36. 이제는 내가 사는 것이 아니요 내 안에 그리스도께서 사신다.

37. 나는 그리스도와 함께 장사되어 그리스도와 함께 살아났다.

38. 나는 크신 그리스도와 연합하여 회복함을 입었다.

39. 이미 승리는 나의 것이다.

40. 나는 그리스도로 인해 넉넉히 이기는 자다.

시편 23편
치유 선포

성경 구절에 자신의 이름을 넣어서 마치 하나님께서 자기에게
들려주는 것처럼 읽으면서 자신에게 치유를 선포하십시오.

(시 23:1) 여호와는 나의 목자시니 내게 부족함이 없으리로다

(시 23:1) 여호와는 [　]의 목자시니 [　]에게 부족함이 없으리로다

(시 23:2) 그가 나를 푸른 풀밭에 누이시며 쉴 만한 물 가로 인도하시는도다

(시 23:2) 그가 [　](을/를) 푸른 풀밭에 누이시며 쉴 만한 물 가로 인도하시는도다

(시 23:3) 내 영혼을 소생시키시고 자기 이름을 위하여 의의 길로 인도하시는도다

(시 23:3) [　] 영혼을 소생시키시고 자기 이름을 위하여 의의 길로 인도하시는도다

(시 23:4) 내가 사망의 음침한 골짜기로 다닐지라도 해를 두려워하지 않을 것은 주께서 나와 함께 하심이라 주의 지팡이와 막대기가 나를 안위하시나이다

(시 23:4) [　](이/가) 사망의 음침한 골짜기로 다닐지라도 해를 두려워하지 않을 것은 주께서 [　](와/과) 함께 하심이라 주의 지팡이와 막대기가 [　](을/를) 안위하시나이다

(시 23:5) 주께서 내 원수의 목전에서 내게 상을 차려 주시고 기름을 내 머리에 부으셨으니 내 잔이 넘치나이다

(시 23:5) 주께서 [　] 원수의 목전에서 [　]에게 상을 차려 주시고 기름을 [　] 머리에 부으셨으니 [　]의 잔이 넘치나이다

(시 23:6) 내 평생에 선하심과 인자하심이 반드시 나를 따르리니 내가 여호와의 집에 영원히 살리로다

(시 23:6) [　] 평생에 선하심과 인자하심이 반드시 [　](을/를) 따르리니 [　](이/가) 여호와의 집에 영원히 살리로다

시편 91편
치유 선포

성경 구절에 자신의 이름을 넣어서 마치 하나님께서 자기에게
들려주는 것처럼 읽으면서 자신에게 치유를 선포하십시오.

(시 91:1) 지존자의 은밀한 곳에 거주하며 전능자의 그늘 아래에 사는 자여,

(시 91:2) 나는 여호와를 향하여 말하기를 그는 나의 피난처요 나의 요새요 내가 의뢰하는 하나님이라 하리니

(시 91:3) 이는 그가 너를 새 사냥꾼의 올무에서와 심한 전염병에서 건지실 것임이로다

(시 91:4) 그가 너를 그의 깃으로 덮으시리니 네가 그의 날개 아래에 피하리로다 그의 진실함은 방패와 손 방패가 되시나니

(시 91:1) 지존자의 은밀한 곳에 거주하며 전능자의 그늘 아래에 사는 [ ]여,

(시 91:2) [ ](은/는) 여호와를 향하여 말하기를 그는 [ ]의 피난처요 [ ]의 요새요 [ ](이/가) 의뢰하는 하나님이라 하리니

(시 91:3) 이는 그가 [ ](을/를) 새 사냥꾼의 올무에서와 심한 전염병에서 건지실 것임이로다

(시 91:4) 그가 [ ](을/를) 그의 깃으로 덮으시리니 [ ](이/가) 그의 날개 아래에 피하리로다 그의 진실함은 방패와 손 방패가 되시나니

(시 91:5) 너는 밤에 찾아오는 공포와 낮에 날아드는 화살과

(시 91:5) [　](은/는) 밤에 찾아오는 공포와 낮에 날아드는 화살과

(시 91:6) 어두울 때 퍼지는 전염병과 밝을 때 닥쳐오는 재앙을 두려워하지 아니하리로다

(시 91:6) 어두울 때 퍼지는 전염병과 밝을 때 닥쳐오는 재앙을 두려워하지 아니하리로다

(시 91:7) 천 명이 네 왼쪽에서, 만 명이 네 오른쪽에서 엎드러지나 이 재앙이 네게 가까이 하지 못하리로다

(시 91:7) 천 명이 [　] 왼쪽에서, 만 명이 [　] 오른쪽에서 엎드러지나 이 재앙이 [　]에게 가까이 하지 못하리로다

(시 91:8) 오직 너는 똑똑히 보리니 악인들의 보응을 네가 보리로다

(시 91:8) 오직 [　](은/는) 똑똑히 보리니 악인들의 보응을 [　](이/가) 보리로다

(시 91:9) 네가 말하기를 여호와는 나의 피난처시라 하고 지존자를 너의 거처로 삼았으므로

(시 91:9) [   ](이/가) 말하기를 여호와는 [   ]의 피난처시라 하고 지존자를 [   ]의 거처로 삼았으므로

(시 91:10) 화가 네게 미치지 못하며 재앙이 네 장막에 가까이 오지 못하리니

(시 91:10) 화가 [   ]에게 미치지 못하며 재앙이 [   ]의 장막에 가까이 오지 못하리니

(시 91:11) 그가 너를 위하여 그의 천사들을 명령하사 네 모든 길에서 너를 지키게 하심이라

(시 91:11) 그가 [   ](을/를) 위하여 그의 천사들을 명령하사 [   ]의 모든 길에서 [   ](을/를) 지키게 하심이라

(시 91:12) 그들이 그들의 손으로 너를 붙들어 발이 돌에 부딪히지 아니하게 하리로다

(시 91:12) 그들이 그들의 손으로 [   ](을/를) 붙들어 발이 돌에 부딪히지 아니하게 하리로다

(시 91:13) 네가 사자와 독사를 밟으며 젊은 사자와 뱀을 발로 누르리로다

(시 91:13) [   ](이/가) 사자와 독사를 밟으며 젊은 사자와 뱀을 발로 누르리로다

(시 91:14) 하나님이 이르시되 그가 나를 사랑한즉 내가 그를 건지리라 그가 내 이름을 안즉 내가 그를 높이리라

(시 91:14) 하나님이 이르시되 [   ](이/가) 나를 사랑한즉 내가 [   ](을/를) 건지리라 [   ](이/가) 내 이름을 안즉 내가 [   ](을/를) 높이리라

(시 91:15) 그가 내게 간구하리니 내가 그에게 응답하리라 그들이 환난 당할 때에 내가 그와 함께 하여 그를 건지고 영화롭게 하리라

(시 91:15) [   ](이/가) 내게 간구하리니 내가 [   ]에게 응답하리라 [   ](이/가) 환난 당할 때에 내가 [   ](와/과) 함께 하여 [   ](을/를) 건지고 영화롭게 하리라

(시 91:16) 내가 그를 장수하게 함으로 그를 만족하게 하며 나의 구원을 그에게 보이리라 하시도다

(시 91:16) 내가 [   ](을/를) 장수하게 함으로 [   ](을/를) 만족하게 하며 나의 구원을 [   ]에게 보이리라 하시도다

신구약 성경
치유의 구절들

(출 15:26) 가라사대 너희가 너희 하나님 나 여호와의 말을 청종하고 나의 보기에 의를 행하며 내 계명에 귀를 기울이며 내 모든 규례를 지키면 내가 애굽 사람에게 내린 **모든 질병의 하나도 너희에게 내리지 아니하리니 나는 너희를 치료하는 여호와임이니라**

(출 23:25) 네 하나님 여호와를 섬기라 그리하면 여호와가 너희의 양식과 물에 복을 내리고 **너희 중에서 병을 제하리니**

(시 6:2) 여호와여 내가 수척하였사오니 긍휼히 여기소서 **여호와여 나의 뼈가 떨리오니 나를 고치소서**

(시 21:3) 주의 아름다운 복으로 그를 영접하시고 순금 관을 그의 머리에 씌우셨나이다
(시 21:4) **그가 생명을 구하매 주께서 그에게 주셨으니 곧 영원한 장수로소이다**

(시 30:2) 여호와 내 하나님이여 **내가 주께 부르짖으매 나를 고치셨나이다**
(시 30:3) 여호와여 주께서 내 영혼을 스올에서 끌어내어 **나를 살리사 무덤으로 내려가지 아니하게 하셨나이다**

(시 41:3) 여호와께서 **그를 병상에서 붙드시고** 그가 누워 있을 때마다 **그의 병을 고쳐 주시나이다**

(시 98:1) **나의 힘이신 여호와여** 내가 주를 사랑하나이다

(시 98:2) 여호와는 나의 반석이시요 나의 요새시요 나를 건지시는 이시요 나의 하나님이시요 내가 그 안에 피할 나의 바위시요 나의 방패시요 나의 구원의 뿔이시요 나의 산성이시로다

(시 98:3) **내가 찬송 받으실 여호와께 아뢰리니** 내 원수들에게서 구원을 얻으리로다

(시 98:4) 사망의 줄이 나를 얽고 불의의 창수가 나를 두렵게 하였으며

(시 98:5) 스올의 줄이 나를 두르고 사망의 올무가 내게 이르렀도다

(시 98:6) 내가 환난 중에서 여호와께 아뢰며 **나의 하나님께 부르짖었더니 그가 그의 성전에서 내 소리를 들으심이여** 그의 앞에서 나의 부르짖음이 그의 귀에 들렸도다

(잠 4:20) 내 아들아 내 말에 주의하며 내가 말하는 것에 네 귀를 기울이라.

(잠 4:21) 그것을 네 눈에서 떠나게 하지 말며 네 마음 속에 지키라

(잠 4:22) **그것은 얻는 자에게 생명이 되며 그의 온 육체의 건강이 됨이니라**

(사 41:4) 내가 말하기를 여호와여 내게 은혜를 베푸소서 내가 주께 범죄하였사오니 **나를 고치소서 하였나이다**

(사 48:10) 보라 내가 너를 연단하였으나 은처럼 하지 아니하고 **너를 고난의 풀무 불에서 택하였노라**

(사 53:5) 그가 찔림은 우리의 허물을 인함이요 그가 상함은 우리의 죄악을 인함이라 그가 징계를 받음으로 우리가 평화를 누리고 **그가 채찍에 맞음으로 우리가 나음을 입었도다**

(사 58:8) 그리하면 네 빛이 새벽같이 비칠 것이며 **네 치유가 급속할 것이며** 네 공의가 네 앞에 행하고 여호와의 영광이 네 뒤에 호위하리니
(사 58:9) 네가 부를 때에는 나 여호와가 응답하겠고 네가 부르짖을 때에는 내가 여기 있다 하리라

(사 58:11) 여호와가 너를 항상 인도하여 메마른 곳에서도 네 영혼을 만족하게 하며 **네 뼈를 견고하게 하리니** 너는 물댄 동산 같겠고 물이 끊어지지 아니하는 샘 같을 것이라

(렘 30:17) 내가 너의 상처로부터 새 살이 돋아나게 하여 **너를 고쳐 주리라**

(렘 33:6) 그러나 보라 내가 이 성읍을 **치료하며 고쳐 낫게 하고** 평안과 진실이 풍성함을 그들에게 나타낼 것이며

(겔 37:10) 이에 내가 그 명령대로 대언하였더니 **생기가 그들에게 들어 가매** 그들이 곧 살아서 일어서는데 극히 큰 군대더라

(말 4:2) 내 이름을 경외하는 너희에게는 공의로운 해가 떠올라서 **치료하는 광선을 비추리니** 너희가 나가서 외양간에서 나온 송아지같이 뛰리라

(마 8:2) 한 나병환자가 나아와 절하며 이르되 주여 원하시면 저를 깨끗하게 하실 수 있나이다 하거늘
(마 8:3) 예수께서 손을 내밀어 그에게 대시며 이르시되 **내가 원하노니 깨끗함을 받으라 하시니 즉시 그의 나병이 깨끗하여진지라**

(마 8:13) 예수께서 백부장에게 이르시되 가라 **네 믿은 대로 될지어다 하시니 그 즉시 하인이 나으니라**

(마 8:14) 예수께서 베드로의 집에 들어가사 그의 장모가 열병으로 앓아 누운 것을 보시고
(마 8:15) **그의 손을 만지시니 열병이 떠나가고** 여인이 일어나서 예수께 수종들더라

(마 8:16) 저물매 사람들이 귀신 들린 자를 많이 데리고 예수께 오거늘 **예수께서 말씀으로 귀신들을 쫓아 내시고 병든 자들을 다 고치시니**
(마 8:17) 이는 선지자 이사야를 통하여 하신 말씀에 우리의 연약한 것을 친히 담당하시고 **병을 짊어지셨도다 함을 이루려 하심이더라**

(마 9:6) 그러나 인자가 세상에서 죄를 사하는 권능이 있는 줄을 너

희로 알게 하려 하노라 하시고 **중풍병자에게 말씀하시되 일어나 네 침상을 가지고 집으로 가라 하시니**
(마 9:7) 그가 일어나 집으로 돌아가거늘
(마 9:8) 무리가 보고 두려워하며 이런 권능을 사람에게 주신 하나님께 영광을 돌리니라

(마 9:20) 열두 해 동안이나 **혈루증으로 앓는 여자**가 예수의 뒤로 와서 그 겉옷 가를 만지니
(마 9:21) 이는 제 마음에 그 겉옷만 만져도 구원을 받겠다 함이라
(마 9:22) 예수께서 돌이켜 그를 보시며 이르시되 딸아 **안심하라 네 믿음이 너를 구원하였다** 하시니 여자가 그 즉시 구원을 받으니라

(마 9:28) 예수께서 집에 들어가시매 맹인들이 그에게 나아오거늘 예수께서 이르시되 내가 능히 이 일 할 줄을 믿느냐 대답하되 주여 그러하오이다 하니
(마 9:29) 이에 **예수께서 그들의 눈을 만지시며 이르시되 너희 믿음대로 되라 하시니**

(마 9:35) 예수께서 모든 도시와 마을에 두루 다니사 그들의 회당에서 가르치시며 천국 복음을 전파하시며 **모든 병과 모든 약한 것을 고치시니라**

(마 10:1) 예수께서 그의 열두 제자를 부르사 더러운 귀신을 쫓아내

며 **모든 병과 모든 약한 것을 고치는 권능을 주시니라**

(마 10:8) **병든 자를 고치며 죽은 자를 살리며 나병환자를 깨끗하게 하며 귀신을 쫓아내되** 너희가 거저 받았으니 거저 주라

(마 11:5) **맹인이 보며 못 걷는 사람이 걸으며 나병환자가 깨끗함을 받으며 못 듣는 자가 들으며 죽은 자가 살아나며 가난한 자에게 복음이 전파된다 하라**

(마 11:28) **수고하고 무거운 짐진 자들아 다 내게로 오라 내가 너희를 쉬게 하리라**
(마 11:29) 나는 마음이 온유하고 겸손하니 나의 멍에를 메고 내게 배우라 그러면 너희 마음이 쉼을 얻으리니
(마 11:30) 이는 내 멍에는 쉽고 내 짐은 가벼움이라 하시니라

(마 12:22) 그 때에 귀신 들려 눈 멀고 말 못하는 사람을 데리고 왔거늘 **예수께서 고쳐 주시매 그 말 못하는 사람이 말하며 보게 된지라**

(마 14:35) 그 곳 사람들이 예수이신 줄을 알고 그 근방에 두루 통지하여 **모든 병든 자를 예수께 데리고 와서**
(마 14:36) 다만 예수의 옷자락에라도 손을 대게 하시기를 간구하니 **손을 대는 자는 다 나음을 얻으니라**

(마 15:28) 이에 예수께서 대답하여 이르시되 **여자여 네 믿음이 크도다 네 소원대로 되리라** 하시니 그 때로부터 그의 딸이 나으니라

(마 15:30) 큰 무리가 다리 저는 사람과 장애인과 맹인과 말 못하는 사람과 기타 여럿을 데리고 와서 **예수의 발 앞에 앉히매 고쳐 주시니** (마 15:31) 말 못하는 사람이 말하고 장애인이 온전하게 되고 다리 저는 사람이 걸으며 맹인이 보는 것을 무리가 보고 놀랍게 여겨 이스라엘의 하나님께 영광을 돌리니라

(마 20:33) 이르되 주여 우리의 눈 뜨기를 원하나이다 (마 20:34) 예수께서 불쌍히 여기사 **그들의 눈을 만지시니 곧 보게 되어** 그들이 예수를 따르니라

(막 1:41) 예수께서 불쌍히 여기사 손을 내밀어 그에게 대시며 이르시되 **내가 원하노니 깨끗함을 받으라 하시니** (막 1:42) 곧 나병이 그 사람에게서 떠나가고 깨끗하여진지라

(막 5:34) 예수께서 이르시되 딸아 네 믿음이 너를 구원하였으니 평안히 가라 **네 병에서 놓여 건강할지어다**

(막 7:34) 하늘을 우러러 탄식하시며 그에게 이르시되 에바다 하시니 이는 열리라는 뜻이라 (막 7:35) **그의 귀가 열리고 혀가 맺힌 것이 곧 풀려 말이 분명하여졌더라**

(막 10:51) 예수께서 말씀하여 이르시되 네게 무엇을 하여 주기를 원하느냐 맹인이 이르되 선생님이여 보기를 원하나이다

(막 10:52) 예수께서 이르시되 가라 네 믿음이 너를 구원하였느니라 하시니 **그가 곧 보게 되어 예수를 길에서 따르니라**

(막 11:23) 내가 진실로 너희에게 이르노니 누구든지 이 산더러 들리어 바다에 던져지라 하며 그 말하는 것이 이루어질 줄 믿고 마음에 의심하지 아니하면 그대로 되리라

(막 11:24) 그러므로 내가 너희에게 말하노니 **무엇이든지 기도하고 구하는 것은 받은 줄로 믿으라 그리하면 너희에게 그대로 되리라**

(막 16:17) 믿는 자들에게는 이런 표적이 따르리니 곧 저희가 내 이름으로 **귀신을 쫓아 내며 새 방언을 말하며**

(막 16:18) **뱀을 집어올리며 무슨 독을 마실지라도 해를 받지 아니하며 병든 사람에게 손을 얹은즉 나으리라** 하시더라

(눅 4:40) 해 질 무렵에 사람들이 온갖 병자들을 데리고 나아오매 **예수께서 일일이 그 위에 손을 얹으사 고치시니**

(눅 4:41) 여러 사람에게서 귀신들이 나가며 소리 질러 이르되 당신은 하나님의 아들이니이다 **예수께서 꾸짖으사** 그들이 말함을 허락하지 아니하시니 이는 자기를 그리스도인 줄 앎이러라

(눅 7:14) 가까이 가서 그 관에 손을 대시니 멘 자들이 서는지라

예수께서 이르시되 청년아 내가 네게 말하노니 일어나라 하시매
(눅 7:15) **죽었던 자가 일어나 앉고 말도 하거늘** 예수께서 그를 어머
니에게 주시니

(눅 8:44) 예수의 뒤로 와서 **그의 옷 가에 손을 대니 혈루증이 즉시
그쳤더라**

(눅 8:52) 모든 사람이 아이를 위하여 울며 통곡하매 예수께서 이르
시되 울지 말라 죽은 것이 아니라 잔다 하시니
(눅 8:53) 그들이 그 죽은 것을 아는 고로 비웃더라
(눅 8:54) 예수께서 아이의 손을 잡고 불러 이르시되 **아이야 일어나
라 하시니**
(눅 8:55) **그 영이 돌아와 아이가 곧 일어나거늘** 예수께서 먹을 것을
주라 명하시니

(눅 9:41) 예수께서 대답하여 이르시되 믿음이 없고 패역한 세대여
내가 얼마나 너희와 함께 있으며 너희에게 참으리요 네 아들을 이리
로 데리고 오라 하시니
(눅 9:42) 올 때에 귀신이 그를 거꾸러뜨리고 심한 경련을 일으키게
하는지라 **예수께서 더러운 귀신을 꾸짖으시고 아이를 낫게 하사** 그
아버지에게 도로 주시니

(눅 13:11) 열여덟 해 동안이나 귀신 들려 앓으며 꼬부라져 조금도 펴

말씀에 반응하는 40일 치유기도 훈련

지 못하는 한 여자가 있더라

(눅 13:12) 예수께서 보시고 불러 이르시되 **여자여 네가 네 병에서 놓였다** 하시고

(눅 13:13) **안수하시니 여자가 곧 펴고** 하나님께 영광을 돌리는지라

(눅 17:12) 한 마을에 들어가시니 나병환자 열 명이 예수를 만나 멀리서서

(눅 17:13) 소리를 높여 이르되 예수 선생님이여 우리를 불쌍히 여기소서 하거늘

(눅 17:14) 보시고 이르시되 가서 제사장들에게 너희 몸을 보이라 하셨더니 **그들이 가다가 깨끗함을 받은지라**

(눅 18:41) 네게 무엇을 하여 주기를 원하느냐 이르되 주여 보기를 원하나이다

(눅 18:42) 예수께서 그에게 이르시되 보라 네 믿음이 너를 구원하였느니라 하시매

(눅 18:43) **곧 보게 되어 하나님께 영광을 돌리며 예수를 따르니** 백성이 다 이를 보고 하나님을 찬양하니라

(요 5:5) 거기 서른여덟 해 된 병자가 있더라

(요 5:6) 예수께서 그 누운 것을 보시고 병이 벌써 오래된 줄 아시고 이르시되 네가 낫고자 하느냐

(요 5:7) 병자가 대답하되 주여 물이 움직일 때에 나를 못에 넣어 주

는 사람이 없어 내가 가는 동안에 다른 사람이 먼저 내려가나이다

(요 5:8) 예수께서 이르시되 일어나 네 자리를 들고 걸어가라 하시니

(요 5:9) **그 사람이 곧 나아서 자리를 들고 걸어가니라** 이 날은 안식일이니

(요 9:5) 내가 세상에 있는 동안에는 세상의 빛이로라

(요 9:6) 이 말씀을 하시고 땅에 침을 뱉어 진흙을 이겨 그의 눈에 바르시고

(요 9:7) 이르시되 실로암 못에 가서 씻으라 하시니 (실로암은 번역하면 보냄을 받았다는 뜻이라) 이에 **가서 씻고 밝은 눈으로 왔더라**

(요 11:3) 이에 그 누이들이 예수께 사람을 보내어 이르되 주여 보시옵소서 사랑하시는 자가 병들었나이다 하니

(요 11:4) 예수께서 들으시고 이르시되 **이 병은 죽을 병이 아니라 하나님의 영광을 위함이요** 하나님의 아들이 이로 말미암아 영광을 받게 하려 함이라 하시더라

(요 11:43) 이 말씀을 하시고 큰 소리로 나사로야 나오라 부르시니

(요 11:44) **죽은 자가 수족을 베로 동인 채로 나오는데** 그 얼굴은 수건에 싸였더라 예수께서 이르시되 풀어 놓아 다니게 하라 하시니라

(행 3:6) 베드로가 이르되 은과 금은 내게 없거니와 내게 있는 이것을 네게 주노니 **나사렛 예수 그리스도의 이름으로 일어나 걸으라** 하고

(행 3:7) 오른손을 잡아 일으키니 **발과 발목이 곧 힘을 얻고**

(행 3:8) **뛰어 서서 걸으며** 그들과 함께 성전으로 들어가면서 걷기도 하고 뛰기도 하며 하나님을 찬송하니 *베드로의 치유 사역

(행 4:29) 주여 이제도 그들의 위협함을 굽어보시옵고 또 종들로 하여금 담대히 하나님의 말씀을 전하게 하여 주시오며

(행 4:30) **손을 내밀어 병을 낫게 하시옵고** 표적과 기사가 거룩한 종 예수의 이름으로 이루어지게 하옵소서 하더라 *사도들의 치유 사역

(행 5:12) 사도들의 손을 통하여 민간에 **표적과 기사가 많이 일어나매** 믿는 사람이 다 마음을 같이하여 솔로몬 행각에 모이고

(행 5:15) 심지어 병든 사람을 메고 거리에 나가 침대와 요 위에 누이고 베드로가 지날 때에 혹 그의 그림자라도 누구에게 덮일까 바라고

(행 5:16) 예루살렘 부근의 수많은 사람들도 모여 **병든 사람과 더러운 귀신에게 괴로움 받는 사람을 데리고 와서 다 나음을 얻으니라** *베드로와 사도들의 치유 사역

(행 8:5) **빌립**이 사마리아 성에 내려가 그리스도를 백성에게 전파하니

(행 8:6) 무리가 빌립의 말도 듣고 행하는 표적도 보고 한마음으로 그가 하는 말을 따르더라

(행 8:7) 많은 사람에게 붙었던 **더러운 귀신들이 크게 소리를 지르며 나가고 또 많은 중풍병자와 못 걷는 사람이 나으니**

(행 8:8) 그 성에 큰 기쁨이 있더라 *빌립의 치유 사역

(행 9:33) 거기서 애니아라 하는 사람을 만나매 그는 중풍병으로 침상 위에 누운 지 여덟 해라

(행 9:34) 베드로가 이르되 애니아야 **예수 그리스도께서 너를 낫게 하시니 일어나 네 자리를 정돈하라 한대 곧 일어나니**

*베드로의 치유 사역

(행 9:40) 베드로가 사람을 다 내보내고 무릎을 꿇고 기도하고 돌이켜 **시체를 향하여 이르되 다비다야 일어나라 하니 그가 눈을 떠 베드로를 보고 일어나 앉는지라**

(행 9:41) 베드로가 손을 내밀어 일으키고 성도들과 과부들을 불러들여 **그가 살아난 것을 보이니** *베드로의 치유 사역

(행 16:17) 그가 바울과 우리를 따라와 소리 질러 이르되 이 사람들은 지극히 높은 하나님의 종으로서 구원의 길을 너희에게 전하는 자라 하며

(행 16:18) 이같이 여러 날을 하는지라 **바울**이 심히 괴로워하여 돌이켜 그 **귀신에게 이르되 예수 그리스도의 이름으로 내가 네게 명하노니 그에게서 나오라 하니 귀신이 즉시 나오니라** *바울의 치유 사역

(행 19:11) 하나님이 바울의 손으로 놀라운 능력을 행하게 하시니

(행 19:12) 심지어 사람들이 **바울의 몸에서 손수건이나 앞치마를 가져다가 병든 사람에게 얹으면 그 병이 떠나고 악귀도 나가더라**

*바울의 치유 사역

(행 20:10) 바울이 내려가서 그 위에 엎드려 그 몸을 안고 말하되 떠들지 말라 **생명이 그에게 있다 하고**

(행 20:11) 올라가 떡을 떼어 먹고 오랫동안 곧 날이 새기까지 이야기하고 떠나니라

(행 20:12) 사람들이 **살아난 청년**을 데리고 가서 적지 않게 위로를 받았더라 *바울의 치유 사역

(행 28:8) 보블리오의 부친이 **열병과 이질**에 걸려 누워 있거늘 **바울이 들어가서 기도하고 그에게 안수하여 낫게 하매**
*바울의 치유 사역

(빌 4:6) **아무 것도 염려하지 말고** 다만 모든 일에 기도와 간구로, 너희 구할 것을 감사함으로 하나님께 아뢰라

(빌 4:7) 그리하면 모든 지각에 뛰어난 하나님의 평강이 그리스도 예수 안에서 너희 마음과 생각을 지키시리라

(딤후 1:7)하나님이 우리에게 주신 것은 **두려워하는 마음이 아니요** 오직 능력과 사랑과 절제하는 마음이니

(약 5:16) 이러므로 **너희 죄를 서로 고하며 병 낫기를 위하여 서로 기도하라** 의인의 간구는 역사하는 힘이 많으니라

척추, 관절, 골수, 골다공증,
허리디스크, 뼈에 대한
성경구절

(욥 10:11) 피부와 살을 내게 입히시며 **뼈와 힘줄**로 나를 엮으시고

(욥 10:12) 생명과 은혜를 내게 주시고 나를 보살피심으로 내 영을 지키셨나이다

(욥 21:23) 어떤 사람은 죽도록 기운이 충실하여 안전하며 평안하고

(욥 21:24) 그의 그릇에는 젖이 가득하며 **그의 골수는 윤택하고**

(시 6:2) 여호와여 내가 수척하였사오니 내게 은혜를 베푸소서 여호와여 **나의 뼈가 떨리오니 나를 고치소서**

(시 34:19) 의인은 고난이 많으나 여호와께서 그의 모든 고난에서 건지시는도다

(시 34:20) 그의 **모든 뼈를 보호하심이여** 그 중에서 하나도 꺾이지 아니하도다

(시 35:9) 내 영혼이 여호와를 즐거워함이여 그의 구원을 기뻐하리로다

(시 35:10) **내 모든 뼈가 이르기를** 여호와와 같은 이가 누구냐 그는 가난한 자를 그보다 강한 자에게서 건지시고 가난하고 궁핍한 자를 노략하는 자에게서 건지시는 이라 하리로다

(시 63:3) 주의 인자하심이 생명보다 나으므로 내 입술이 주를 찬양할 것이라

(시 63:4) 이러므로 나의 평생에 주를 송축하며 주의 이름으로 말미암아 나의 손을 들리이다

(시 63:5) **골수**와 기름진 것을 먹음과 같이 나의 영혼이 만족할 것이라 나의 입이 기쁜 입술로 주를 찬송하되

(잠 3:6) 너는 범사에 그를 인정하라 그리하면 네 길을 지도하시리라

(잠 3:7) 스스로 지혜롭게 여기지 말지어다 여호와를 경외하며 악을 떠날지어다

(잠 3:8) 이것이 네 몸에 양약이 되어 **네 골수를 윤택하게 하리라**

(잠 15:28) 의인의 마음은 대답할 말을 깊이 생각하여도 악인의 입은 악을 쏟느니라

(잠 15:29) 여호와는 악인을 멀리 하시고 의인의 기도를 들으시느니라

(잠 15:30) 눈이 밝은 것은 마음을 기쁘게 하고 좋은 기별은 **뼈**를 윤택하게 하느니라

(잠 15:31) 생명의 경계를 듣는 귀는 지혜로운 자 가운데에 있느니라

(잠 16:23) 지혜로운 자의 마음은 그의 입을 슬기롭게 하고 또 그의 입술에 지식을 더하느니라

(잠 16:24) 선한 말은 꿀송이 같아서 마음에 달고 **뼈에 양약이 되느니라**

(사 25:6) 만군의 여호와께서 이 산에서 만민을 위하여 기름진 것과 오래 저장하였던 포도주로 연회를 베푸시리니 곧 **골수가** 가득한 기

름진 것과 오래 저장하였던 맑은 포도주로 하실 것이며

(사 58:11) 여호와가 너를 항상 인도하여 메마른 곳에서도 네 영혼을 만족하게 하며 **네 뼈를 견고하게 하리니** 너는 물 댄 동산 같겠고 물이 끊어지지 아니하는 샘 같을 것이라

(사 66:13) 어머니가 자식을 위로함 같이 내가 너희를 위로할 것인즉 너희가 예루살렘에서 위로를 받으리니
(사 66:14) 너희가 이를 보고 마음이 기뻐서 **너희 뼈**가 연한 풀의 무성함 같으리라 여호와의 손은 그의 종들에게 나타나겠고 그의 진노는 그의 원수에게 더하리라

(겔 37:1) 여호와께서 권능으로 내게 임재하시고 그의 영으로 나를 데리고 가서 골짜기 가운데 두셨는데 거기 **뼈**가 가득하더라
(겔 37:2) 나를 그 **뼈** 사방으로 지나가게 하시기로 본즉 그 골짜기 지면에 **뼈**가 심히 많고 아주 말랐더라
(겔 37:3) 그가 내게 이르시되 인자야 이 **뼈**들이 능히 살 수 있겠느냐 하시기로 내가 대답하되 주 여호와여 주께서 아시나이다
(겔 37:4) 또 내게 이르시되 너는 이 모든 **뼈**에게 대언하여 이르기를 너희 마른 **뼈**들아 여호와의 말씀을 들을지어다
(겔 37:5) 주 여호와께서 이 **뼈**들에게 이같이 말씀하시기를 내가 생기를 너희에게 들어가게 하리니 너희가 살아나리라
(겔 37:6) 너희 위에 힘줄을 두고 살을 입히고 가죽으로 덮고 너희 속

에 생기를 넣으리니 너희가 살아나리라 또 내가 여호와인 줄 너희가 알리라 하셨다 하라

(겔 37:7) 이에 내가 명령을 따라 대언하니 대언할 때에 소리가 나고 움직이며 이 **뼈, 저 뼈가 들어 맞아 뼈들이 서로 연결되더라**

(겔 37:8) 내가 또 보니 **그 뼈에 힘줄이 생기고** 살이 오르며 그 위에 가죽이 덮이나 그 속에 생기는 없더라

(겔 37:9) 또 내게 이르시되 인자야 너는 **생기**를 향하여 대언하라 **생기**에게 대언하여 이르기를 주 여호와께서 이같이 말씀하시기를 **생기**야 사방에서부터 와서 이 죽음을 당한 자에게 불어서 살아나게 하라 하셨다 하라

(겔 37:10) 이에 내가 그 명령대로 대언하였더니 **생기**가 그들에게 들어가매 그들이 곧 살아나서 일어나 서는데 극히 큰 군대더라

(히 4:12) 하나님의 말씀은 살아 있고 활력이 있어 좌우에 날선 어떤 검보다도 예리하여 혼과 영과 및 **관절과 골수**를 찔러 쪼개기까지 하며 또 마음의 생각과 뜻을 판단하나니

내게 부르짖으라

(렘 33:3) 너는 내게 부르짖으라 내가 네게 응답하겠고
네가 알지 못하는 크고 은밀한 일을 네게 보이리라

내가 암에서 놓여나게 되자 많은 사람들이 찾아오거나 전화로 상담해왔다. 그들도 암에서 치유 받고 싶은 간절한 열망이 있었다. 하지만 내가 치유의 원리를 가르쳐 줄 때는 '아멘'으로 화답하며 힘을 얻지만, 집으로 돌아가면 스스로 어떻게 치유의 믿음을 유지할 수 있는지에 대한 확신이 없어서 다시 불안에 휩싸이는 경우가 많았다.

나와 함께 말씀을 읽고 선포하는 기도를 할 때는 강한 믿음을 가졌지만, 혼자 집에서 선포하는 기도를 하지 못해 또다시 믿음이 약해지는 경우를 많이 보았다. 집으로 돌아간 그들은 전화로 나에게 이렇게 하소연을 했다. "목사님처럼 저도 말씀을 믿음으로 선포하며 기도하고 싶은데 어떻게 해야 하는지 모르겠어요."

전화로 문의한 분들에게 도움이 되고자 내가 읽고 치유의 힘을 얻은

책들을 소개해줬다. 그런데 별로 효과가 없었다. 왜냐하면 사람마다 상황도 다르고, 치유의 믿음을 소유한 정도나 절박함이 다 다르기 때문이다.

기독교방송 C채널에 출연해서 치유와 선교의 간증을 했을 때 사회자가 말했다. "수많은 사람들이 병으로 고통받고 있고, 치유가 필요한데 목사님께서 책을 쓰셔서 치유의 원리를 가르쳐 주시면 좋겠네요."

이 책은 그러한 사람들의 필요에 의해 쓰여졌다. 이 책을 읽고 따라하며 누구든지 말씀에 반응하는 기도의 능력을 갖게 되기를 소원한다. 그리고 부르짖고 선포하는 기도를 통해 치유의 말씀이 나에게도 역사하는 은혜가 넘치기를 간구한다. 성경 말씀은 일 점 일 획도 어긋난 것이 없다. 하나님의 말씀을 믿고 부르짖어 기도하며 믿음대로 선포할 때 약속하신 치유와 회복의 은혜가 모든 이들에게 임할 것이다. 우리 모두 주님이 이미 십자가에서 다 이루어놓으신 죄사함과 치유의 은혜를 체험하기를 축복한다.